THE SUSTAINABILITY MANAGEMENT OF MEDIA COMPANIES

미디어 기업의 지속가능성 경영

THE SUSTAINABILITY MANAGEMENT OF MEDIA COMPANIES

미디어 기업의 지속가능성 경영

우형진 지음

SUSTAINABILITY CSR CSV ESG TBL MEDIA SUSTAINABILITY CSR CSV ESG
TBL MEDIA SUSTAINABILITY CSR CSV ESG TBL MEDIA SUSTAINABILITY
CSR CSV ESG TBL MEDIA SUSTAINABILITY CSR CSV ESG TBL MEDIA
SUSTAINABILITY CSR CSV ESG TBL MEDIA SUSTAINABILITY CSR CSV ESG
TBL MEDIA SUSTAINABILITY CSR CSV ESG TBL MEDIA SUSTAINABILITY
CSR CSV ESG TBL MEDIA SUSTAINABILITY CSR CSV ESG TBL MEDIA
SUSTAINABILITY CSR CSV ESG TBL MEDIA SUSTAINABILITY CSR CSV ESG
TBL MEDIA SUSTAINABILITY CSR CSV ESG TBL MEDIA SUSTAINABILITY
CSR CSV ESG TBL MEDIA SUSTAINABILITY CSR CSV ESG TBL MEDIA
SUSTAINABILITY CSR CSV ESG TBL MEDIA SUSTAINABILITY CSR CSV ESG
TBL MEDIA SUSTAINABILITY CSR CSV ESG TBL MEDIA SUSTAINABILITY
CSR CSV ESG TBL MEDIA SUSTAINABILITY CSR CSV ESG TBL MEDIA
SUSTAINABILITY CSR CSV ESG TBL MEDIA SUSTAINABILITY CSR CSV ESG
TBL MEDIA SUSTAINABILITY CSR CSV ESG TBL MEDIA SUSTAINABILITY
CSR CSV ESG TBL MEDIA SUSTAINABILITY CSR CSV ESG TBL MEDIA
SUSTAINABILITY CSR CSV ESG TBL MEDIA SUSTAINABILITY CSR CSV ESG
TBL MEDIA SUSTAINABILITY CSR CSV ESG TBL MEDIA SUSTAINABILITY
CSR CSV ESG TBL MEDIA SUSTAINABILITY CSR CSV ESG TBL MEDIA
SUSTAINABILITY CSR CSV ESG TBL MEDIA SUSTAINABILITY CSR CSV ESG
TBL MEDIA SUSTAINABILITY CSR CSV ESG TBL MEDIA SUSTAINABILITY
CSR CSV ESG TBL MEDIA SUSTAINABILITY CSR CSV ESG TBL MEDIA

한양대학교 출판부

서문

2023년 여름 한반도는 다시 한번 폭염, 집중호우, 태풍으로 많은 생명과 재산을 잃었고, 전 세계는 엘니뇨(El Niño) 현상에 따른 기후 변화로 몸살을 앓았다. 2023년 9월 10일 북아프리카 지역에서 발생한 폭풍우로 인근 댐 2곳이 붕괴되어 사망자 1만 1,300명, 실종자 1만 100명, 이재민 2만 명이 발생했다. 불특정 다수에 대한 "묻지마 흉기 난동"이 연일 뉴스를 장식하고 경찰특공대와 장갑차까지 도심 한가운데 배치되었다. 범죄의 원인은 소외, 억울, 분노였다. 우리 사회에 각자도생이라는 처절한 정글법칙만 남아서 사회적 긴장감이 올라간 것이다. "모두 죽이고 싶었다"는 범인의 항변은 다시 한번 우리 사회의 심각한 아노미(Anomie)를 생각하지 않을 수 없었다. 공영방송 지배구조를 바꾸기 위한 이사진의 해임과 해임처분 집행정지 인용 관련 보도가 신문 지면을 가득 채웠다. 우리 사회의 정파적 갈등은 모든 영역에서 전쟁처럼 일어나고 있다. 언제부터인가 우리 주변 환경은 위험, 위기, 급변이라는 용어로 가득 차 있다. 세대, 젠더, 지역, 종교, 정파, 국가 간 갈등부터 기후위기, 빈부격차, 도덕적 해이, 전쟁에 이르기까지 어려운 상황들이 계속해서 전개되고 있다. 인간의 역사가 늘 그랬지만 최근의 불확실성 수준과 강도는 과거의 역사를 넘어서고 있다. 우리 시회와 인류 공동체의 미래는 평화롭고 안전할까?

세계적으로 "지속가능성"(sustainability)에 대한 관심이 높다. 지속가능성은 우리가 생활하는 생태계와 인간사회의 문제점을 해결할 수 있는 이론적 토대이자 실천 방안으로 여겨지고 있다. 특히 기업의 지속가능성 경영은 기업과 연관된 환경, 사회, 지배구조(Environmental, Social, & Governance, ESG) 영역의 문제들을 해결함으로써 인류가 직면한 위기에서 벗어날 수 있는 수단으로 간주되고 있다. "지속가능성 경영"은 기업이 재무적 성과(financial performance)뿐만 아니라 비재무적 성과(non-financial performance)도 함께 관리하여 기업가치를 만들어내는 기업전략을 의미한다.

이 책이 다양한 산업 분야 중 특히 "미디어 기업의 지속가능성 경영"에 주목하는 이유는 미디어 기업이 가지고 있는 특수성 때문이다. 모든 미디어 기업은 공통적으로 '매체'(Media)와 '커뮤니케이션'(Communication)을 기반하여 비즈니스를 한다. 일반기업과 마찬가지로 미디어 기업은 직원, 경영진, 조직이 이윤 창출에 매진한다. 다만, 사업 내용이 사람들의 가치관에 영향을 미치는 '정신 및 문화 상품' 생산과 관계있고, 사회구성원 다수가 접속하는 커뮤니케이션 인프라 영역에서 여러 가지 일들이 생겨나기 때문에 자의든 타의든 '공적 책무 달성'이라는 또 다른 기업 목표가 항상 함께한다. 미디어 기업의 지속가능성 경영은 기업의 이익을 창출하며 기업의 설립목적을 달성할 수 있는 신통방통한 기업전략이 될 수 있다. 이 전략은 미디어 기업의 상업 및 공공 목표 동시 실현이라는 모순을 극복할 수 있는 묘수가 될 수 있다.

이 책은 처음부터 끝까지 두 가지 주제에 주목한다. 첫째는 지속가능성 경영(sustainability management)이고, 둘째는 미디어 기업이다. 두 용이 모두 우리 일상에서 친숙하게 느껴지는 것 같지만 사실 지속가능성 경영이 무엇을 의미하는지, 미디어 기업이 어떤 사업을 하는 기업인지 정확히 알지 못하는 경우가 많다. 이 책은 커뮤니케이션 인프라를 제공하고 콘텐츠를 생산하는 미디어 기업이 어떤 지속가능성 경영을 수행할 수 있는지 살펴보았다.

2022년 장마철 폭우에 뒤따른 침수 피해의 주요 원인 중 하나가 담배꽁초나 낙엽 등에 의해 막히는 도로변 배수구라는 보도가 있었다. 1년 후 2023년 8월 서울 강남지역에 물폭탄이 쏟아지면서 인근 도로가 침수됐다. 한 남성이 맨손으로 빗물받이 덮개를 열고 배수로를 청소하는 모습이 포착돼 '강남역 슈퍼맨'이라는 이름으로 회자되기도 했다. 언론사의 경고(warning signal)가 사람들의 인식을 개선하고, 상황을 보다 나은 방향으로 바꾼 것이다. 미디어 기업의 지속가능성 경영은 인식개선뿐만 아니라 관행과 문화까지 변화시킬 수 있다. 이런 변화는 우리 사회를 보다 밝은 곳으로 인도할 것이다. 이 책을 읽는 독자들의 대부분은 학생, 미디어 종사자, 공기관 및 정부 관계자일 것이다. 미디어 기업의 지속가능성 경영 관련 지식을 통해 의미있는 통찰력을 얻길 바란다. 더 나아가 이 책이 앞으로 미디어 산업에서 발생하는 다양한 이벤트들을 해석할 수 있는 지침서가 되길 희망한다.

2023년 9월

우형진

차례

2부 국내 미디어 산업 생태계와 지속가능성 경영

1부

지속가능성 경영이란 무엇인가?

제1장

지속가능성의 이해

1. 지속가능성의 의미

지속가능성(sustainability)이란 "특정한 상태가 항상성을 가질 확률"이다. 여기서 중요한 용어는 '항상성'(homeostasis)이다. 항상성은 개체 혹은 세포의 상태가 다양한 자극 반응에 대해 일정하게 유지하는 성질을 말한다. 이것은 생명의 특성 중 하나로, 주변 환경에 의해 깨지는 자신의 평형 상태를 원래대로 복구하여 최적화 상태(optimized conditions)를 유지하려는 성질이다. 생명 개체의 생존 본능에 입각한 자연의 섭리다. 대부분의 생명현상은 항상성 유지와 관련되어 있다. 예를 들어, 인간의 뇌는 무더운 여름에 체온 유지를 위해 땀을 흘리도록 명령해서 체온을 낮춰준다. 췌장은 식사 후, 혈중 포도당 농도가 높아지면 인슐린을 분비하여 혈중 포도당 농도를 낮춰 적정 수준을 유지하게 만든다. 신체의 자율신경계는 교감신경계와 부교감신경계가 서로 길항작용을 하면서 적절한 신체 상태를 유지한다. 한마디로 신체가 내부 환경과 외부 환경의 균형을 유지하여 생명을 유지하는 것이다. 다수의 질병은 항상성의 불균형에서 비롯된다. 결론적으로, 항상성은 한 개체가 생명을 유지할 수 있는 한계점의 존재를 인지하고, 그 한계점에 도달할 것으로 판단되면 반대 방향으로 선회하여 특정 균형점을 맞추려는 성질이다. 지속가능성은 개체, 조직, 공동체가 자신의 존재를 유지하기 위해 과도하게 경도된 상태를 균형상태로 유지하려는 고도의 생존 본능이라고 할 수 있다.

인간사회도 지속가능성 매커니즘이 동일하게 적용된다. 인간사회는 여러 구성원들이 지구라는 제한된 공간에서 활동하는 공동체다. 이들은 오랜 시간 구성원들 간의 작용과 반작용의 균형을 이루면서 '현상유지'(status quo)를 해왔다. 이 시스템은 구성원들의 작용과 반작용을 수용할 수 있는 가용 조건에서 모두의 생존을 보장하도록 설계되었다. 그러나 시간이 지날수록 지구가 자신의 공간에서 구성원들의 작용과 반작용을 감내할 수 있는 수용력의 한계를 드러내기 시작했다. 인류가 조장한 환경파괴, 기후변화, 오염물질, 전염병, 핵개발 등은 지구 수용력으로 해결할 수 있는 모든 시스템의 작용과 반작용 간의 적절한 긴장을 무너뜨렸다. 장기간 누적된 불균형 상태는 물리적 환경파괴뿐만 아니라 계층, 세대, 종교, 인종, 젠더, 지역, 국가 간 갈등을 증폭시켰다. 더 많은 수익, 더 큰 효과, 더 높은 성장을 목표로 둔 인간의 활동은 그동안 문제없었던 지구의 항상성 시스템을 파괴했다. 지구 자신과 그 공간에서 생활하는 인간사회의 균형상태가 항상성을 유지할 확률이 현저하게 낮아진 것이다. 46억 년 지구 역사에서 지속가능성이 한계점에 근접한 것은 지금부터 불과 100년

이 되지 않으며, 최종적 파멸의 속도는 1970년 이후 더욱 가속되고 있다. 지구는 반세기 동안 계속해서 경고 메시지를 보내고 있다. 정부, NGO, 기업, 개인 모두 이 회색코뿔소[1]의 존재를 알고 있지만, 현재의 이익 때문에 눈이 멀어 적극적인 대처에 미온적이다. 만약 미래에 인류 공동체 붕괴가 일어난다면, 그것은 "인간의 탐욕" 때문일 것이다.

1972년 로마클럽[2]은 인류가 당면한 곤경을 "세계문제"(World's Problematique)라고 칭했다. 세계문제는 구체적으로 빈곤, 전쟁, 오염, 억압, 범죄, 천연자원 황폐화, 테러리즘, 경제 불안정, 인종주의, 마약 등 66가지를 포함한다. 로마클럽은 개별적으로 각 문제를 해결하려 했으나 언급된 문제들이 상호 연결되어 있어 근본적인 원인을 찾는 방향으로 전환했다. 그 성과의 하나로 로마클럽은 「성장의 한계」(The Limits to Growth) 보고서를 발간했다. 이 보고서는 세계 최초로 미래를 예측한 컴퓨터 시뮬레이션(World 3) 연구 결과다. 총 12개의 시나리오를 설정하고, 조건(인구, 환경오염, 자원활용, 투자자본, 노동력, 식량)의 변화에 따라 미래에 어떤 결과가 나타나는지 조사했다. 그 결과 세계가 직면한 복잡한 문제의 근원은 "성장"에 있는 것으로 최종

1 어떤 위험이 갑자기 발생하는 것이 아니라 이미 오랫동안 위험 요인을 경고한 상황에서 위험 신호를 무시하고 있다가 큰 위험에 빠진다는 의미의 용어.

2 이탈리아 기업인 아우렐리오 페체이(Aurelio Peccei)가 미래의 인류 곤경(predicament of mankind)에 대한 심각성을 인지하고, 1968년에 결성한 민간단체다. 이 단체는 환경오염, 지구온난화, 기상이변, 생태계 변화, 인구증가, 핵전쟁 등 다가올 인류 위기에 대해 각성하고 이를 해결하기 위한 대응책 마련을 모색했다. 1968년 4월 첫 회의를 로마에서 개최하여 로마클럽(Club di Roma)으로 칭했으며, 현재 로마에 본부가 있고 스위스 제네바와 네덜란드 헤이그에 연구소를 두고 있다.

결론지었다. 사실, 로마클럽은 성장을 통해 66개 문제를 해결하려 했으나 문제의 원인이 성장 그 자체에 있다는 것을 알고 큰 충격을 받았다. 빈곤은 더 많은 일자리로 해결하고, 기아는 더 많은 식량 생산으로 일소하려 했다. 에너지 부족은 더 많은 유전을 개발해서 공급하고, 도시빈민은 더 많은 주택을 건설하여 당면문제를 해결하려 했다. 그러나 이러한 시도는 오히려 지구를 황폐하게 만들고, 문제를 더욱 심화시키게 된다는 사실을 깨닫게 된다(문태훈, 2016). 유한한 자원을 지닌 지구에서 자원고갈 없이 모두의 풍요를 담보하는 경제의 무한 성장은 절대 양립할 수 없는 부질없는 희망이라는 것이다. 분명한 점은 더 많은 이익을 추구하려는 인간의 욕망으로 인해 인류가 100년 안에 성장의 한계에 직면할 수 있다는 사실이었다. 로마클럽이 "인류가 직면한 곤경"을 언급한 이후, 환경파괴, 인구증가, 산업화, 식량문제, 자원고갈 등은 인간 활동, 경제, 기후환경, 국가정책 등과 연관된 모든 영역에서 주요 주제로 논의되고 있다. 2023년 현재, 「성장의 한계」 보고서가 출간된 지 50여 년이 지났다. 놀랍게도 2008년 호주 연방과학기술연구원(CSIRO)에서 현재 지구 상태와 인류 관련 데이터, 그리고 「성장의 한계」보고서 내용을 비교 분석해본 결과, 보고서 내용이 현재와 미래의 상당 부분을 예측하고 제대로 반영하는 것으로 나타났다(Turner, 2014.9.2). 「성장의 한계」보고서가 주는 함의는 세 가지다. 첫째, 보고서 완성 시기 기준과 같은 속도로 환경파괴, 인구증가, 자원고갈 등이 이루어진다면 100년 안에 지구는 수용력의 한계에 도달한다. 둘째, 더 늦기 전에 성장 중심에서 균형 중심으로 개선하고 이를 전 지구적 차원에서 실행한다면 지구의 지속가능성은 유지될 수 있다. 셋째, 50여 년이 지난 현재 이 보고서의 지적

사항들은 개선되지 않았고, 오히려 더 악화되었다.

최근, UN이나 각 국가 정부 차원에서 지속가능성 목표를 정하거나 관련 위원회 설립을 추진하고 있다. 글로벌 사회가 지속가능성에 주목하는 이유는 다음과 같다. 자본주의의 고도화, 과학기술의 발전, 인간의 소비증대 등에 의해 인류가 자연을 착취하고 파괴한 역사가 장기간 지속되었다. 지구의 자정기능 초과가 생태계의 다양한 변화를 초래했다. 지구환경의 변화는 심각한 기후위기만을 발생시키는 것이 아니라 빈곤, 기아, 양극화, 노동문제, 인권파괴, 전쟁 등을 촉발시켰다. 과거에 비해 인류가 자연과 조화롭게 살아가고 경제발전을 통한 풍요로운 삶을 유지하는데 비관적인 전망이 팽배해졌다. 인류는 지금까지 누려왔던 자연이 다양성과 생산성을 유지하고 생태계의 균형을 통해 현재 세대가 누리는 모든 자원을 미래 세대에게 물려주기 어렵다는 것을 깨닫기 시작했다. 문제는 인류가 현재 파괴된 환경을 보호하고 인류의 수많은 문제를 해결하기 위해 인간의 욕망 수준을 낮춘다는 것이 가능하냐는 것이다. 쉽게 말해서 인류의 지속가능성을 확보하는 가장 좋은 방법은 우리 모두 원시시대로 돌아가면 되는 것이다. 모든 생산활동과 이익 추구 활동을 멈추면 되는 것이다. 가능한가? 불가능하다고 확신한다.

인류의 물리적 환경파괴와 사회공동체의 갈등을 초래하는 원인이 근본적으로 인간의 욕망이라면, 인간의 욕망을 만족시켜주기 위해 개발된 도구는 기업이다. 기업은 이윤을 목적으로 설립된 존재고, 기업은 자신의 목적을 달성하기 위해 수단과 방법을 가리지 않는 속성을 가지고 있다. 기업을 소유하고 운영하는 사람들은 기업의 재무성과에만 관심을 가질 수밖에 없는 구조다. 기업이 이런 속성을 계속해서 유지하면서 동시에 인류의 지속가능성을 담보해낼 수 없다. 기업이 경제뿐만 아니라, 사회나 환경 모든 영역에 대해 민감할 수 있도록 인식변화, 제도개선, 실천방안 등을 간구해야 우리 사회의 지속가능성이 더욱 확대될 수 있다. 즉, 인류의 지속가능성을 확대하기 위해 인간과 기업의 이기심을 감안한 합리적 실천방안 마련이 훨씬 더 현실적이다. 최근 세계적으로 공감대를 형성한 지속가능성 개념은 단순히 환경보호와 사회문제 해결만을 강조하는 것이 아니라 장기적 관점(on a long-term vision)에서 환경, 사회, 경제 영역의 진일보를 구현할 수 있는 지속가능발전(sustainable development) 개념으로 변화하고 있는 추세다.

2. 지속가능발전목표

「성장의 한계」보고서 공개 이후, '환경문제와 인류의 미래'가 글로벌 이슈로 부상했다. 1972년 6월 유엔인간환경회의는 '인간환경선언'을 채택하고, 같은 해 12월 '유엔환경계획'(UN Environment Programme, UNEP)을 발족시켰다. 1987년 유엔환경계획(UNEP)의 세계환경개발위원회는 「우리 공동의 미래」(Our Common Future) 보고서를 발간했다. 이 보고서는 당시 위원장이었던 노르웨이 브룬트란트(Brundtland) 수상의 이름을 딴 「브룬트란트 보고서」라고도 불리는데 이후 국제 환경정책과 전략 관련 토대가 되었다. 이 보고서는 지속가능발전을 "미래세대의 필요를 충족하기 위한 잠재력을 훼손하지 않으면서 현재의 필요를 충족시키는 발전"으로 정의했다. 1992년

6월 유엔환경개발회의는 지구 환경문제와 지속가능한 발전을 위한 '리우선언'과 '의제 21'(Agenda 21)을 채택했다. 이 회의에서 기후변화협약, 생물다양성협약, 사막화방지협약이 체결되고, 유엔지속가능발전위원회(UN Commission on Sustainable Development, UNCSD)가 창설되었다. 2000년대 들어, 유엔새천년정상회의(2000년)는 '빈곤 감소', '보편적 초등교육 제공', '성평등과 여성 자력화 촉진' '아동 사망 감소', '산모 건강 증진', 'HIV/AIDS 등 질병 퇴치', '지속가능한 환경보장', '개발을 위한 국제 협력'이라는 새천년개발목표(Millennium Development Goals, MDGs)를 선언하고 2015년까지 8가지 목표 달성을 위해 전 세계의 실천을 독려했다. 뒤를 이어 2002년 지속가능발전세계정상회의와 2012년 리우+20 정상회의는 지구환경과 지속가능발전을 위한 국제 선언과 행동강령에 대한 평가 및 후속 이행과제를 구체화했다.

「성장의 한계」보고서 발표 이후, 오랜 시간 동안 글로벌 차원에서 수많은 노력이 이루어졌다. 환경뿐만 아니라, 인권, 사회책임, 기후변화 등에 대하여 국가, 지역, 산업, NGO 단위에서 국제 협정이 체결되었다. 2008년 글로벌 금융위기 이후, 기업을 둘러싼 환경이 급격히 변화하면서 지속가능한 지구, 지속가능한 사회, 지속가능한 기업 등 지속가능성을 둘러싼 이해관계자들(stakeholders)의 요구가 급증하고, 사회적 압력이 높아지기 시작했다. 이들의 평가는 신자유주의에 입각한 기업활동이 환경파괴, 양극화, 노동문제, 인권침해 등을 더욱 악화시킨 것으로 판단했다. 인류는 실질적인 행동 없이 구호만 외치거나 국제협정에 서명하는 것만으로 지속가능성 관련 문제들이 해결되지 않는다는 것을 절감했다. 보다 강력하고 실질적인 행동계획

(action plan)이 필요한 것이다.

2015년 9월, 유엔은 지속가능발전목표(UN Sustainable Development Goals, UN SDGs)를 발표했다. 지속가능발전목표는 2000년 새천년개발목표(MDGs)의 내용을 재평가하고, 개선하여 적용 대상을 확대하였다. 유엔은 제70차 유엔 총회에서 지구 행동 목표를 인류 공동 지속가능발전목표로 설정하고, 2030년까지 목표 달성을 위해 국제 사회의 참여를 독려했다. 구체적으로, 지속가능발전목표는 인간, 지구, 번영, 평화, 파트너십이라는 5개 영역에서 인류가 나아가야 할 방향성을 17개 주목표와 169개 세부 목표로 제시했다. 지속가능발전 17개 주목표는 '빈곤퇴치', '기아종식', '건강과 웰빙', '양질의 교육', '성평등', '물과 위생', '깨끗한 에너지', '양질의 일자리와 경제성장', '산업혁신 및 사회기반시설 구축', '불평등 해소', '지속가능한 도시 공동체', '책임있는 소비와 생산', '기후변화 대응', '해양생태계', '육지생태계', '평화, 정의, 그리고 강력한 제도 확립', 'SDGs를 위한 파트너쉽'이다. 지속가능발전목표는 '단 한 사람도 소외되지 않는 것'(Leave no onc bchind)이라는 슬로건을 내걸고, 새천년개발목표에서 추구하던 8가지 목표에서 한 걸음 더 나아가 사회 불평등 해소, 사회발전, 경제발전, 환경, 이행 수단 확보라는 보다 구체적이고 현실적인 방향과 목표를 설정했다. 현재까지 유엔의 "지속가능발전목표"는 명실상부한 지속가능성 확보의 기본토대가 되었다. 2015년 유엔이 지속가능발전목표(SDGs)를 채택함에 따라 우리나라도 2018년부터 국가지속가능발전목표(K-SDGs)를 수립하여 환경 및 자원의 지속가능성 강화, 기후변화 적응, 사회 형평성 및 국민건강 증진, 경제 및 산업구조의 지속가능성을 제고하고 있다. 2022년 1월 '지속가능발전기본법'

이 제정되었고, 2년마다 이 법에 근거하여 지속가능발전 국가보고서를 작성하고 대통령보고 후 결과를 공표해야 한다(지속가능발전기본법 第16조).

1972년 로마클럽 결성부터 2015년 지속가능발전목표 수립에 이르기까지 43년이라는 긴 시간 동안 유엔 차원에서 환경과 인류 공동체의 지속가능성 확보를 위한 노력이 끊임없이 이어졌다. 그럼에도 불구하고, 지구와 인류 공동체의 지속가능성 확보는 요원한 실정이다. 오히려 더 후퇴했다는 평가가 다수다. 기후변화에 따른 심각한 자연재해, 폐수 무단 방류 및 폐기물 불법 매립으로 인한 오염, 난개발에 따른 자원고갈은 더욱 심해졌다. 피해를 집계하기 어려울 정도로 심각한 산불, 홍수, 가뭄, 한파, 폭염 등이 특정 지역의 식량난, 빈곤, 위생 및 인권 문제를 야기시켰다. 자원의 고갈이나 국가 간 갈등으로 인한 전쟁은 전 세계적인 경제난을 발생시켰다. 신자유주의 세계화를 통해 자유무역을 구가하던 전 세계는 이제 자국 중심의 보호무역주의 체제로 바뀌면서, 모두가 모두를 공격하고, 진영을 만들어 대립하는 새로운 냉전시대로 접어들고 있다. 인류의 지속가능성 지표 점수가 낮아질수록 인간의 일상생활과 환경 건전성이 점점 후퇴하게 되는 악순환에 빠져들었다.

현재 유엔의 수많은 지속가능발전 관련 회의에서 국가 별로 처한 상황에 따라 각기 다른 주장이 오가고 있다. 개발도상국들은 산업혁명 이후, 대량생산과 대량소비에 의한 지구 자원파괴 및 자원 소모적 소비행태는 선진국의 책임이 더 크다고 주장한다. 선진국의 소비행태가 지구환경을 피폐하게 만든 주범임에도 불구하고, 지구환경 복구에 있어서 후진국의 책임을 선진국과 동등하게 하는 것에 반대 의견을 냈다. 여기에 미국을 비롯한 일부 선진국들은 자국 이익에 반한다는 이유로 유엔 주도의 기후변화협약에서 탈퇴하거나 환경기술의 후진국 이전을 반대하는 경우도 있었다. 이처럼 지속가능발전에 대한 각국의 상황, 접근방식과 해석에 따라 다양한 논쟁과 견해가 존재한다. 구체적으로, 소극적 견해와 적극적 견해가 있다. 소극적 견해는 기업이 하는 모든 행위에서 경제뿐만 아니라 환경과 사회 영역에 대한 비중을 높이면 자원고갈과 파괴 속도가 늦춰지게 되고, 지속적인 성장이 가능하다는 생각이다. 적극적 견해는 기업이 현재와 같은 수준으로 환경, 사회, 경제를 고려한 기업 행위를 한다면 지속가능발전목표를 달성하지 못하기 때문에 모든 기업이 한계용량의 범위를 초과하는 기업활동을 강력히 억제하고 생태계와 인간사회의 회복을 위한 조치를 더욱 강화해야 한다고 보는 관점이다.

현실은 기업들이 자사 이익을 위해 엄청난 오염물질을 배출하고 난개발을 통해 환경을 파괴하며, 지배구조, 노동, 인권, 공정거래 영역에서 여전히 부적절한 기업 행위를 고수하고 있다. 기업들은 지속가능발전 개념을 자사에게 유리한 사회 압력 회피 수단이나 경제성장 우선 논리 보호를 위한 위장 도구로 이용하고 있다는 비판을 받기도 한다. 신자유주의 세계화에 따른 기업의 영향력 확대와 이익 우선주의는 인류의 지속가능성과 병행하기 어렵다. 기업이 스스로 이익 추구를 중단하고, 지속가능성 영역을 더욱 강화할 가능성은 점점 더 줄어들고 있다. 희망이 있다면 다수의 기업이 지속가능성 경영에 관심이 많으며 전체적 분위기가 지속가능성 경영의 필요성을 공감하고 있다는 것이다. 기업도 심각한 기후변화, 극단적인 사회갈등, 부도덕한 기업경영이 자신의 비즈니스에 장애가 된다는 것을 알고,

궁극적으로 기업의 이익 창출에 걸림돌이 될 것이라는 점을 이해하고 있다.

3. 지속가능성 경영 딜레마

지속가능성의 의미를 제대로 이해하지 못하는 사람들은 이 개념을 단순하게 반기업, 반시장, 반자본주의적 가치로 생각하는 경우가 많다. 더 나아가 이들은 지속가능성을 주장하는 사람들을 좌파적 정치이념 신봉자로 간주하기도 한다. 이런 오해는 지속가능성을 추구하는 것이 이익 획득을 최우선 순위로 하는 자본주의 혹은 기업의 생리와 맞지 않기 때문이다. 지속가능성의 본질적 의미는 기업을 지배하는 인간의 욕망과 절제 사이의 균형을 통한 항상성 유지에 있다. 지속가능성 지표가 후퇴하고 있다는 점은 두 영역에 대한 인간 활동들이 불균형 상태에 있다는 것을 의미한다. 두 영역은 시기, 주체, 사안 등에 따라 한쪽으로 기울어질 수 있다. 중요한 것은 쏠림현상을 스스로 회복할 수 있는 복원력(restoring force)을 갖추어야 하는데, 그 지점에서 늘 문제가 발생한다. 더 심각한 것은 문제 발생 기간이 지나치게 장기간 지속되어 다시 회복할 수 없는 파멸의 상태에 이르게 될 가능성이 매우 높아졌다는 것이다. 인간의 욕망에 관한 부분이 지나치게 크기 때문에 인간사회와 자연의 최적 상태가 지속적으로 유지되지 못하고 있다.

그렇다면 구체적으로 인간사회의 무엇이 이런 문제를 발생시키고 있는가? 원인은 인간사회가 채택하고 있는 자본주의 경제 체제다. 자본주의 경제 체제는 인간의 욕망 추구 시스템을 가장 잘 반영한 인류 최고의 발명품이다. 인간이 채택한 자본주의 경제 체제에서 핵심적 역할을 하는 것은 기업이다. 기업은 법인(juridical person)이다. 법인은 법률상 권리 또는 의무가 되는 주체다. 기업은 법으로 만들어진 인간이다. 기업은 인간처럼 이익 창출을 소망하고, "시장"(market)에서 자본의 확대재생산 원리를 충실히 수행하여 자신의 욕구를 충족한다. 여기서 인간이 원래 이타적 존재인지 이기적 존재인지 논쟁하는 것은 시간 낭비다. 인간은 상황에 따라 이타적이기도 하고 이기적이기도 하기 때문이다. 그러나 인간이 기업을 경영하는 이유는 확실하다. 확실한 이유를 가진 기업이 무작정 자신의 본질적 존재 이유와 의무를 방기하고 지구환경과 사회의 지속가능성 확보를 위해 획득해야 할 이익을 덜 추구하고, 더 나아가 자사의 인적/물적 자산을 사회에 환원할 수 있을까? 답하기 쉽지 않은 대목이다.

기업이 지속가능성 경영을 하려면 기업의 경영진과 기업을 둘러싼 이해관계자들의 인식 전환과 합의가 필요하다. 과거에는 기업이 지속가능성 경영을 수행하려면 기업 최고 의사결정권자(CEO)의 결단과 주주의 지지가 필수적이었다. 이들이 결심만 하면 기업의 지속가능성 경영은 가능하지만 실제로 지속적이지는 못했다. 왜냐하면, 이들의 본심은 원래 기업 이익에 있지, 사회발전에 있지 않기 때문이다. 기업의 지속가능성 경영은 사회 환원이나 기부를 확대하라는 것이 아니다. 기업의 지속가능성 경영은 "궁극적으로 기업의 이익을 확장하고 지속시키기 위해 재무적 성과뿐만 아니라 비재무적 가치의 비중을 높이라는 의미"이다. 구체적으로 기업이 환경(environment), 사회(society), 경제(economy) 영역에서 지속가능성을 유지하는 창의적인 경영을 하라는 것이다. 결국 기업의 지속가능성 경영이 바람직한 모습을 보이려면, 기업의 실질 이익률이 장/단기적으로 상승해야 한다. 또한 기업이 지속가능성 경영을 시행하지 않으면 손해를 볼 수 있다는 예상을 쉽게 할 수 있도록 정부, 시장, 소비자들에 의한 제도/문화/사회적 분위기가 형성되어야 한다.

최근까지 기업의 지속가능성 경영을 위한 글로벌 차원의 노력이 있었다. 2000년 유엔은 기업의 지속가능성 수준을 높이기 위해 "유엔 글로벌 컴팩트"(UN Global Compact)를 천명했다. 유엔 글로벌 컴팩트는 '인권', '노동', '환경', '반부패' 부문에서 10대 원칙을 선정했다. 2004년 당시 유엔 사무총장 코피 아난(Kofi Annan)은 「Who cares wins: Connecting Financial Markets to a Changing World」보고서를 통해 세계 금융기관이 유엔의 기업 지속가능성 경영 가이드라인과 권고안을 따르도록 요청했다. 이 보고서는 금융기관들이 기업에 투자할 때, 대상 기업의 환경, 사회, 지배구조(Environmental, Social, & Governance, ESG) 요소에 많은 비중을 두고 기업가치 평가 및 심사를 하라는 것이다. 구체적으로, 이 가이드라인은 금융기관이 투자를 위해 기업심사를 할 때, 첫째, 기업 ESG 원칙과 정책 지향점 존재 유무 검증, 둘째, 기업 ESG 관련 자료에 대한 표준시스템 정보 제공 여부 검증, 셋째, 투자자 및 주주의 권리와 ESG 이슈 간의 연계성 확인, 넷째, 투자 기업과 관련된 규제 당국의 투명하고 예측가능한 법적 체계, 적정수준의 정보공개 수준 검증, 시장의 역동성 고려를 포함하고 있다. 그러나 UN의 노력에도 불구하고, 글로벌 기업들의 지속가능성 확보를 위한 ESG 실행은 적극적이지 못했다.

2020년 전 세계 기업들을 긴장시킨 사건이 발생했다. 세계 최대 자산운용사 블랙록(BlackRock)의 CEO 래리 핑크(Larry Fink)가 연례 서한을 통해 다음과 같은 내용을 밝혔다. "금융의 근본적인 재설정"(A fundamental reshaping of finance), "기후 위기는 투자의 위기"(Climate risk is investment risk), "주주를 위한 향상된 정보공개"(Improved disclosure for shareholders)를 강조했다. 연례 서한에서 기업들을 더욱 놀라게 한 강력한 메시지는 "향후 블랙록이 투자한 모든 기업은 지속가능성 확보를 위해 '기후변화 관련 재무정보공개 태스크 포스'(Task Force on Climate-related Financial Disclosure, TCFD)와 '지속가능성회계기준위원회'(Sustainability Accounting Standards Board, SASB)의 가이드라인에 따라 보고서를 발간하고 공개"하도록 한 것이다. 즉, 블랙록은 앞으로 기후변화에 적극적으로 대응하지 않는 기업에게 투자하지 않겠다는 의사를 분명히 했다. 더 나아가 이에 대한 충분한 조치를 취하지 않는 기업의 경우, 이사회와 경영진에 대해 거부권을 행사하고 투자금도 회수할 수 있다고 선언했다. 래리 핑크(Larry Fink)의 연례 서한에 놀란 기업들은 이후 ESG 경영, ESG 투자, ESG 펀드에 큰 관심을 갖게 되었고, 지속가능성 확보를 위한 기업구조 변화를 위해 노력하게 된다. 이 사건은 모두에게 "역시 기업들은 자사의 이익에 반하는 상황이 만들어져야 움직이기 시작한다"는 점을 환기시켰다.

지속가능성 용어의 뿌리를 살펴보면, 지속가능성이 가지고 있는 또 다른 의미를 알 수 있다. 지속가능성 용어는 산업혁명 이후, 독일의 "지속적 산출"(sustained yield) 개념에서 유래한다. 당시 독일의 주요 경제기반은 임업이었다. 제한된 산림으로부터 지속적인 산출을 원하는 독일은 과학적 산림 생산 방식을 개발하여 산림자원의 고갈을 막고 효과적으로 관리할 수 있었다. 지속가능성 개념이 고도의 균형을 통한 생존가능성 확보라는 의미도 있지만 환경보호를 동반한 경제성장이라는 의미도 포함되어 있다. 즉, 지속가능성은 용어 속에 성장이라는 의미가 존재하기 때문에 지속가능발전(sustainable development)은 단순히 환경보호, 사회갈등 해결, 인권 보호만 집중하는 것이 아니다. 이 세상이 유지되기 위해 경제발전, 기업 성장, 시장 확대 부분도 함께 고려되어야 한다. 결국, 지속가능성 경영이란 기업의 재무적 성과와 함께 기업의 환경, 사회, 지배구조 영역에서 비재무적 가치 창출도 포함되어야 한다. 문제는 이 두 가지 성과를 동시에 창출하기 어렵다는 것이다. 이런 이유로 기업들은 쉽게 지속가능성 경영 딜레마에 빠진다.

이 딜레마는 경제성장기보다 경기침체기에 더 많이 나타난다. 기업 입장에서 직원 급여 주기도 어려운데 어떻게 사회 기부를 늘릴 수 있느냐는 것이다. 기업이 투자금을 설비나 생산라인 확장을 위해 사용하고 싶은데, 환경보호 차원에서 정화시설 확충 예산으로 배정할 수 있느냐는 것이다. 기업의 매출액, 영업이익, 순이익 등 재무상태가 마이너스로 변하는 상황에서 노동환경 개선, 인권 보호, 공정거래, 지배구조 개선, 소비자 보호 등을 위해 재원을 제공할 수 있느냐는 것이다. 결론적으로 기업이 자사의 재무 불합리성에도 불구하고 비재무적 요소를 위해 기업이 창출할 수 있는 재무적 이익과 기회를 줄일 수 있는지는 여전히 해결하기 힘든 난제다.

하버드대학교 경영대학원 교수 란제이 굴라티(Ranjay Gulati)는 기업의 수익 창출과 사회가치실현 동시 확보라는 딜레마를 해결하기 위해 "완전하지 않아도 본질적인 목적을 추구하라"고 제언한다. 기업 대부분은 기업 강령(mission statement)에 "우리 기업은 이익 실현을 최우선으로 한다"라고 쓰지 않는다. 기업은 자신의 설립목적을 사회 가치 실현과 공동체에 헌신한다고 선언하는 경우가 훨씬 더 많다. 그러나 현실적으로 기업이 환경 및 사회적 가치를 확장하면서 동시에 수익을 창출하기는 쉽지 않다. 어쩌면 이와 같은 기업 강령은 불가능에 가까운 허언일지도 모른다. 그럼에도 불구하고, 굴라티(Gulati, 2022)는 기업이 고도의 능력(high performance)을 발휘하기 위해 기업 설립목적과 이익을 동일시해야 한다고 주장한다. 기업은 더 큰 이익을 획득하기 위해 "본질적 목적"(deep purpose)을 활용해야 한다고 강조한다. 본질적 목적은 쉬운 말로 "원대한 이상이 있는 목적"을 의미한다. 즉, 어떤 기업의 설립목적이 자신에게 의미 있는 동시에 자신을 넘어서는 영역에서도 긍정적으로 작용해야 한다는 뜻이다. 원대한 이상이 있는 기업 목적은 기업이 더 큰 이상을 갖게 동기부여를 하고, 문제 해결에 적극적으로 임하게 하며, 직원들에게 영감을 불어넣고 목표에 헌신하게 만든다. 또한 원대한 기업 목적에 공감하는 동지들을 끌어모아 이상을 현실화시키게 촉진한다. 기업에서 직원들 간의 "본질적 목적 공유"는 종업원 전체를 결속시키고, 응집력 있는 공동체를 형성하여 이상을 중심으로 강력한 조직문화를 형성한다. 즉, 지속가능성 경영이라는 원대한 이상을 조직원들이 공유하는 기업은 지속가능성 경영의 딜레마를 해결하는 열쇠 그 자체가 될 수 있다는 것이다. 역사적으로, 장기간 다수로부터 사랑받고 존경받으며 뛰어난 경제적 성과를 냈던 "위대한 기업"들은 타사들과 차별되는 기업 목적이 있었다. 그런 기업들은 사회공동체에서 돈 버는 기업 그 이상의 하나의 사회적 제도로 자리매김했다. 기업의 의미있는 관행들이 사회적 가치와 인간적 가치를 바탕으로 경제적 가치를 산출하게 되면 기업의 생존은 오래 지속될 수 있다(Kanter, 2011). 이런 기업은 단순히 복원력(restoring force)을 확보한 기업에서 보다 진보한 회복력(resilience)을 획득한 기업이 된다. 복원력은 원래 평형상태로 다시 돌아가는 것을 의미하지만, 회복력은 문제를 발생시키는 구조적 문제를 개선하여 이전과 다른 새로운 질서와 규범, 그리고 변화된 조건에 적응하는 능력을 보유한 기업으로 변모하는 것을 의미한다. 지속가능성 경영의 딜레마를 극복하기 위한 방법은 존재한다. 다만, 지속가능성 경영이 자신의 기업을 파산으로 이끌까 봐 두려워하는 것일 뿐이다. 이 두려움을 어떻게 이겨내느냐가 관건이다.

참고문헌

문태훈 (2016). 성장의 한계 논의의 전개와 지속가능발전에의 함의, 〈한국시스템다이나믹스 연구〉, 제17권 제2호, 5-32.

Gulati, R. (2022). Deep Purpose: The heart and soul of the high-performance companies. New York: Harper Business.

Kanter, R. M. (2011). How great companies think differently. Harvard Business Review. Retrieved 3/23/2023 from https://hbr.org/2011/11/how-great-companies-think-differently

Turner, G. (2014.9.2). Limits to Growth was right. New research shows we're nearing collapse.
Retrieved 7/23/2023 from https://www.theguardian.com/commentisfree/2014/sep/02/limits-to-growth-was-right-new-research-shows-were-nearing-collapse

제2장

지속가능성 경영 관련 개념

기업의 첫 번째 목적은 "이윤 창출"이다. 기업 경영의 최우선은 재무관리다. 재무관리의 열매는 투자자와 주주의 것이다. 그러나 기후변화, 자원고갈, 환경파괴, 양극화, 인권문제, 불공정거래, 소비자 불매운동, 도덕적 해이 등 기업환경이 급속도로 나빠지면서 기업 경영의 최우선 대상이 바뀌었다. 이제 기업이 고려해야 할 대상은 투자자나 주주뿐만 아니라, 종업원, 협력업체, 시민단체, 지역사회, 정부, 국제기구 등으로 다양해졌다. 기업은 재무 중심 경영에서 재무 및 비재무 균형 경영으로 방향을 전환하고, 기업경영의 새로운 패러다임 변화를 모색하기 시작했다. 균형 잡힌 기업경영을 설명하는 여러 가지 이론적 논의와 유사 개념들을 살펴보자.

1. 기업의 사회적 책임(CSR)

1953년 미국 경제학자 하워드 보웬(Howard R. Bowen)은 그의 저서 "기업가의 사회적 책임"(Social Responsibilities of the Businessman)을 통해 기업가들은 우리 사회의 목적과 가치에 맞게 기업을 경영해서 사회를 바람직한 방향으로 이끌어가야 할 의무가 있다고 주장했다. 19세기 말부터 20세기 중반 미국의 대기업 소유주들은 카르텔을 조직하거나 강력한 트러스트를 통해 시장경쟁을 제한하고, 폭리를 취하는 경우가 많았다. 존경받는 사업가로 알려져 있는 "자동차 왕 헨리 포드"(Henry Ford)나 "석유왕 존 록펠러"(John D. Rockerfeller)도 사업 초창기부터 자선사업가로 명성을 날리지 않았다. 이들은 기업의 이익을 위해 환경을 파괴하고, 노조를 해체했으며, 경쟁 기업들을 파산시키거나 자사 종업원들에게 반인권적 행위를 서슴지 않고 행하는 악덕 사업주들이었다(우형진, 2022). 당시 기업이 환경파괴, 인권침해, 도덕적 해이 등을 많이 저지르자, 사회적 비판이 고조되었다. 시민단체가 기업을 감시하고, 불매운동을 벌였다. 시장에서 큰 영향력을 가진 기업들은 그에 상응한 책임(responsibility)을 져야 한다는 사회적 공감대가 형성되었다. 보웬(Bowen)의 주장 이후, 거의 30년 가까이 기업과 사회 간의 적절한 관계 정립에 대한 치열한 논쟁이 전개되었다.

세계는 1918년 제1차 세계대전 이후부터 1970년대 초에 이르기까지 전후 복구 재건 사업으로 인해 경제 호황기를 맞이하기도 하고, 버블 붕괴에 따른 심각한 경제 대공황을 경험하기도 했다. 이 시기 유럽과 미국 정부는 경제불황을 극복하기 위해 케인스의 수정자본주의(Keynesian Economics) 경제 정책을 도입했다. 수정자본주의는 정부가 시장에 적극적으로 개입하여 시장의 불합리성을 개선하고 보다 효과적으로 자원을 배분하여 모두가 잘 살 수 있는 사회를 목표로 했다. 그러나 1970년대 들어, 수정자본주의 경제는 과잉투자와 투자이익 하락, 생산력 저하 등으로 어려움을 겪기 시작했다. 정부의 과도한 개입이 시장의 자율성을 막고, 비효율적인 시스템은 오히려 시장의 건전한 메커니즘을 파괴한다는 비판에 직면하게 되었다.

세계 경제가 새로운 국면을 맞게 된 것은 신자유주의(Neo-Liberalism) 경제의 등장이다. 신자유주의는 수정자본주의와 반대로 정부의 시장개입을 최소화하고, 시장의 자유로운 활동과 규제 완화를 강조했다. 신자유주의는 정부개입을 완전히 부정한 것은 아니지만 '준칙에 근거한 소극적 통화정책'과 '국제금융 자유화'를 통해 자유무역과 세계화를 목표로 경제의 안정적 성장과 경쟁력 강화를 도모했다. 시장의 자유를 보장하면, 그 혜택이 모두에게 돌아갈 것으로 예상했다. 그러나 현실은 예상과 달랐다. 신자유주의적 경제시스템에 의해 시장의 효율성은 높아졌지만, 경쟁심화, 양극화, 소득격차, 세대 갈등, 시장개방에 따른 특정 계층의 몰락과 같은 후유증을 남기기도 했다. 궁극적으로 신자유주의는 기업에게 유리한 상황을 만들어 준 것은 확실했다. 시장 확대와 정부의 탈규제 정책은 기업이 이익을 추구하는데 좋은 환경을 제공했다. 기업들은 더 많은 매출과 더 높은 영업이익을 확보하기 위해 효율성, 생산성, 수익성을 극대화했다. 기업은 이익 초과 달성을 위해서라면 불공정 경쟁이나 불법행위도 아랑곳하지 않았다. 이에 기업의 사회적 책임에 대한 공동체의 요구는 더욱 높아졌다. 즉, 기업은 자신이 책임져야 할 범위를 경제적 영역뿐만 아니라 그 이외의 영역으로까지 확대해야 한다는 것이다.

기업의 사회적 책임(Corporate Social Responsibility, CSR)은 "기업이 소유한 물적/인적 자산을 자발적 실천(spontaneous action)을 통해 사회에 환원함으로써 사회발전을 위한 기업의 역할을 도모하는 것"이다. 초기 CSR 개념은 그 범위와 대상이 매우 모호했다. 기업이 책임져야 할 경제 영역 이외에 고려해야 할 사회영역이 너무나 많았다. 또한 기업의 자발적 실천에 따른 특혜 대상을 어디까지 해야 하는가에 대한 지루한 논쟁이 있었다. 1991년 미국 조지아대학교 경영학과 교수 아치 캐롤(Archie B. Carroll)은 기업이 사회적으로 책임을 져야 할 4가지 영역을 구체화했다. 그는 CSR 개념을 4단계 피라미드 모형으로 발표하면서 기업의 사회적 책임은 경제적(economic) 책임 이외에 법적(legal), 윤리적(ethical), 자선적(philanthropic) 책임 영역이 있다고 설명했다. 피라미드 모형의 가장 아래에 있는 1단계는 경제적 책임에 해당한다. 기업의 경제적 책임은 기업의 본래 목적에 충실하라는 것이다. 좋은 제품을 생산하고, 고용을 확대하며, 소비자의 욕구를 충족하고 기업의 이익을 극대화하는 것이다. 2단계는 법적 책임이다. 기업이 시장에서 반드시 지켜야 할 준법에 관한 영역이다. 노사관계, 산업안전, 투명회계 등 합법적인 기업 행위 추구를 강조했다. 3단계는 윤리적 책임이다. 기업은 단순히 법을 지키는 것에 만족하지 않고, 법 준수 범위를 능가하여 사회, 도덕, 가치 영역에서 사회공동체를 이롭게 하는 일을 행해야 한다. 마지막으로 4단계는 자선적 책임이다. 기업이 보유한 자산의 일부를 사회에 환원하고, 사회공헌과 관련된 여러 가지 사업을 행해서 소외계층을 지원하고 사회 안전망 확장에 도움을 주라는 것이다. 캐롤(Carroll)의 CSR 정의는 모호했던 CSR을 구체적으로 구분하고, 이해하는데 도움이 되었다. 그러나 기업의 사회적 책임이 피라미드 모형으로 설명되다 보니 모형에서 오는 선입견에 의해 CSR에 대한 해석에 오해를 줄 소지가 있었다. 예를 들어, 경제적 책임의 경우, 가장 낮은 단계에 있으면서도 가장 넓은 영역을 차지하다 보니, 기업의 경제적 책임을 가장 낮은 수준의 사회적 책임 혹은 가장 기본이 되는 사회적 책임으로 간주하기도 했다. 반대로 자선적 책임은 피라미드 모형의 가장 높은 단계에 있으면서 동시에 피라미드 모형에서 가장 작은 영역을 차지하다 보니 자선적 책임 영역이 가장 고귀한 사회적 책임이자 기업이 조금만 해도 되는 영역으로 착각할 수 있었다. 또 다른 논쟁은 기업의 4가지 사회적 책임 영역이 무 자르듯이 완벽하게 구분할 수 없기 때문에 4영역으로 구분하는 것은 논리적 비약의 여지가 있다는 비판을 받았다. 캐롤(Caroll)의 피라미드 모형은 CSR의 추상적인 개념을 집대성하고 모호했던 의미를 명확히 하는데 도움을 주었다. 특히, 기업의 사회적 책임 영역과 대상에 대해 논리적 토대를 마련해 준 측면이 있었다. 그러나 CSR 피라미드 모형이 주는 오해, 그리고 기업의 사회적 책임을 4영역으로 단정하기 어렵고, 영역 간 중첩된 부분도 존재했기 때문에 모형의 수정이 필요했다.

슈와츠와 캐롤(Schwartz & Caroll, 2003)은 피라미드 모형이 갖는 한계를 극복하고, CSR 개념을 보다 정교화하기 위해 벤다이어그램(Venn Diagram)을 통한 3영역(three domain)모형을 개발했다. 캐롤의 4영역 피라미드 모형에서 자선적 책임 영역을 제외하고, 기업의 경제, 법, 윤리 영역을 서로 중첩시킨 모형을 개발하여 CSR에 대한 보다 정밀하고 포괄적인 설명을 시도했다. 3영역 벤다이어그램 모형에 의하면, 각 영역의 고유한 부분에 해당하는 순수 영역(pure domain)과 3영역이 서로 겹치면서 나타나는 중첩 영역(overlap domain)이 있다〈그림 2-1〉. 우선 세 가지 각 순수 영역이다. 첫째, 순수 경제(purely economic) 영역은 경제적 이득과 직/간접적으로 연관된 분야에서 기업활동을 하는 것이다. 기업이 오직 이익 극대화를 위해 수동적으로 법을 준수하는 영역이다. 기업은 이익 추구 이외에 다른 목표가 없고, 이를 위해 수단과 방법을 가리지 않는다. 예를 들어 기업이 종업원의 노동을 착취하거나 하청업체의 이익을 횡령하는 것을 말한다. 둘째, 순수 법(purely legal) 영역이다. 법적 시스템 안에서 행하는 기업의 모든 행위다. 윤리적/경제적으로 문제가 될 수 있지만 법적으로 무방하다면 합법적이기 때문에 허용할 수 있는 영역을 의미한다. 다시 말해서, 사회적 비판은 받을 수 있으나 법적 책임을 회피한 기업 행위 영역이다. 예를 들어, 육류 가공회사가 질병 의심 소 재료로 가공된 유가공품의 자국 내 판매를 포기하는 대신, 해외의 법 엄격성이 낮은 외국 국가에 불량 유가공품을 수출한 경우를 말한다. 셋째, 순수 윤리(purely ethical) 영역이다. 경제적 이익이 부재함에도 불구하고, 특정한 윤리 기준에 따라 행하는 기업영역이다. 상생을 위한 기업행위로 좀처럼 시장에서 나타나지 않는 기업 행위를 의미한다. 예를 들어, 대형마트가 자발적으로 재래시장의 영업을 보장하기 위해 특정일을 휴무일로 정하거나 원청업체가 하청업체와 이익을 정당하게 공유하기 위한 특별계약을 체결하는 것을 말한다.

다음은 벤다이어그램 모형의 순수 영역 이외의 중첩된 영역이다. 첫째, 경제/윤리(economic/ethical) 영역이다. 윤리적 기준으로 기업

행위를 하는 영역, 즉 기업마케팅에 윤리적 요소를 접목하여 기업의 윤리적 기준을 명시하지만, 그 이면에는 기업 이득을 고려하는 영역을 말한다. 예를 들어, 에코 제품 생산기업이 환경보호 캠페인을 하는 경우, 환경보호를 통해 소비자의 생각을 환기하려는 것 같지만 실제는 친환경 기업 브랜드를 만들려는 마케팅 목적이 있는 경우다. 둘째, 경제/법(economic/legal) 영역이다. 기업이 실정법을 준수하는 것 같지만 그 이면에는 경제적 이득을 추구하는 법 준수 영역이 있다. 예를 들어, 합법을 가장한 기업 파산이나, 글로벌 기업이 후진국에 회사를 설립하여 그 국가의 실업률을 낮추고 시장을 활성화해주는 것 같지만 실상은 자사의 이득을 위한 전략이 숨겨져 있는 경우다. 셋째, 법/윤리(legal/economic) 영역이다. 기업 행위가 경제적 이득 때문이 아니라 회피할 수 없는 법 준수와 뒤따르는 윤리적 상황 때문에 어쩔 수 없이 이루어지는 경우를 의미한다. 예를 들어, 제약회사가 저렴한 가격으로 약을 판매하는 경우, 매우 윤리적으로 보이지만 의료법이나 규제에 의한 '울며 겨자 먹기' 식 기업 행위를 하는 경우다. 넷째, 경제/법/윤리(economic/legal/ethical) 영역이다. 3가지 기업의 사회적 책임이 모두 중첩되는 영역이다. 기업 행위가 경제적 이득을 목적으로 하지만 합법적인 테두리 안에서 윤리 기준에 부합하여 이루어지는 영역을 의미한다. 예를 들어, 청소년 보호를 위해 담배 판매 광고를 포기하고 청소년 흡연 금지 조항을 준수함과 동시에 사회적 윤리 기준을 달성하고, 사회공동체로부터 긍정적인 회사 이미지를 획득하여 매출액이 올라가는 경우다.

이처럼 CSR은 피라미드 모형에서 벤다이어그램 모형으로 수정되었고, 각 책임 영역의 정의와 개념이 좀 더 명확해졌다. 기업의 사회적 책임은 오랫동안 학자들에 의해 다양한 방식으로 모형화되고 해석되었다. 그럼에도 불구하고 CSR은 기업이 사회를 바람직한 방향으로 이끌어야만 한다는 당위성 혹은 도덕관념에 따라 반드시 해야 할 일로 인식되었다. 이런 점에서 기업은 CSR을 쉽게 수용하기 어려워하고, 기업 수익 창출에 있어서 CSR을 장애물로 받아들이는 경우도 많다. 기업은 CSR을 기업이 감당해야 할 사회적 빚으로 인식하는 경우가 있어, CSR 실천에 대한 자발성 부족이 문제로 남아 있다.

〈그림 2-1〉 CSR 모형변화

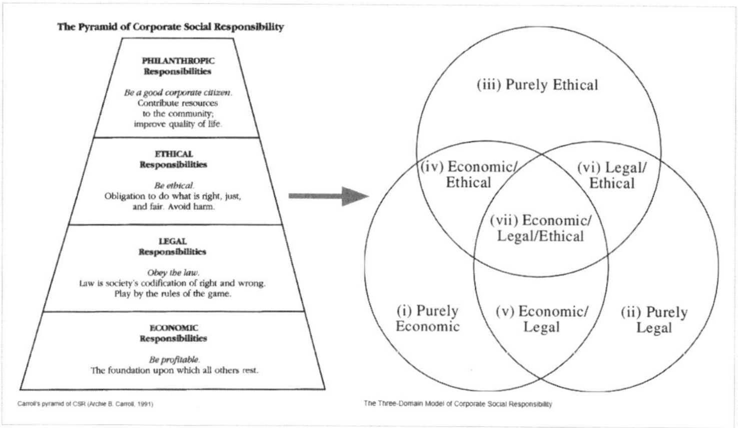

출처: (왼쪽) Retrieved 9/3/2023 from https://www.researchgate.net/figure/Carrolls-pyramid-of-CSR-Archie-B-Carroll-1991_fig1_286931057
(오른쪽) Retrieved 9/3/2023 from https://www.researchgate.net/figure/The-Three-Domain-Model-of-Corporate-Social-Responsibility_fig1_261827186

2. 공유가치창출(CSV)

"기업은 사회에서 어떤 역할을 해야 하는가?" 자본주의 초기부터 제기되어 왔던 해묵은 논쟁이다. 사실 기업이 사회를 위해 반드시 어떤 역할을 해야 할 의무는 없다. 왜 기업이 사회공동체를 위해 빈곤, 기아, 재난, 천재지변 등을 주도적으로 해결해야 하나? 밀턴 프리드먼(Milton Friedman)이 주장했듯이, "기업의 유일한 사회적 책임은 기만이나 사기 없이, 공개되고 자유로운 경쟁이 보장되는 합법적 규칙이 있기만 하다면 자신의 이익 증대를 위해 자원을 활용하고, 관련 행위를 실행하는 것"이다(Friedman, 1970.9.13). 엄밀히 따지면, 사회문제 해결의 책임은 기업이 아니라 정부의 몫이다.

그동안 CSR이 주목받았던 몇 가지 이유가 있다. 첫째, 기업은 사회에 소속된 일원이고, 사회가 존재하지 않으면 그들이 원하는 이익을 획득하기 불가능하다. 둘째, 기업은 사회에 엄청난 영향력을 행사하고 있다. 기업은 자신이 보유한 권력에 비례해서 그에 합당한 책임을 져야 한다. 실제로 인적/물적 자원을 소유한 기업은 사회문제를 해결할 수 있는 강력한 능력을 보유하고 있다. 자본주의가 고도화되면서 기업이 사회에 미치는 긍정적 혹은 부정적 영향력이 커졌고 그에 합당한 기업 책임에 대한 사회적 요구도 더 높아졌다. 그러나 기업은 CSR이 옳은 것임을 인정하면서도 현실적 문제로 인해 적극적으로 실행하지는 않는다. 왜냐하면 기업은 CSR의 소임을 완료하는 순간 그것이 자기모순으로 작용한다는 것을 잘 알기 때문이다. 사적 이익을 추구해야 할 기업이 공익을 추구한다는 것은 주주에 대한 일종의 배임행위라고 보는 시각도 있다.

하버드대학교 경영대 마이클 포터(Michael E. Porter) 교수와 마크 크레이머(Mark Kramer) 교수 겸 FSG(Foundation Strategy Group) 공동대표는 CSR의 딜레마를 해결하는 방법으로 "공유가치"(Shared Value) 개념을 하버드 비즈니스 리뷰(Harvard Business Review, January-February 2011) 저널에 소개했다. 그들이 말하는 공유가치는 "기업이 소속된 공동체의 사회 및 경제적 조건들을 발전시키면서 동시에 기업의 경쟁력 향상을 도모하는 정책이자 실천방안"이다. 포터와 크레이머는 기업이 추구하는 이익은 모두 동일한 가치를 갖지 않는다고 보았다. 만약 기업이 공유가치를 포함한 이익을 추구한다면, 그 기업은 사회를 발전시키고 동시에 기업 자신도 빠르게 성장할 것이라고 확신했다(Moore, 2014). 2011년 공유가치창출(Creating Shared Value, CSV)이 소개된 이래로, 이 개념은 전 세계 수많은 기업, 정부, NGO, 시민사회와 학계에서 기업과 사회의 관계를 해석하는 주요 개념으로 수용되고 있다. 특히, 기업은 비즈니스 관행에 비춰볼 때, CSV를 CSR보다 더 쉽게 수용할 수 있는 개념이라고 보았다. 그동안 기업은 CSR을 일종의 사회 환원이나 도덕적인 면에서 준수해야 할 윤리적 의무로 받아들이는 경향이 있었다. 솔직히 말하면, 기업은 CSR을 부담스러워했다. 그러나 CSV는 기업의 재무성과가 향상되는데 필요한 "경쟁력" 부분을 강조했다. CSV는 기업의 본질적 목표인 이익 추구를 비윤리적이거나 반사회적으로 간주하지 않은 것이다.

CSR과 CSV를 비교해 보면, 두 개념의 본질적 차이가 나타난다. 첫째, 각 개념의 목적이 다르다. CSR은 근본적으로 비즈니스를 통해 자원을 확보하고, 좋은 기업이 되기 위해 그 자원을 사회에 투자한다. 예를 들어, 환경보호를 위한 폐품 재활용, 사회적 약자를 위한 기부, 지역사회를 위한 자원봉사 등이 기업의 사회적 책임 활동에 해당한다. 반면에 CSV는 기업이 경제, 사회, 환경 영역에서 이익을 확대하기 위해 기업의 핵심 특성인 지배구조, 기업전략, 임직원 윤리, 기업 관행이나 보상 등에 변화를 준다. 이를 통해 기업의 생산력을 높이면서 동시에 기업과 연관된 사회, 환경적 문제를 해결한다. 둘째, CSR은 기업과 분리되어 사회발전을 모색하는 개념이다. 기업 활동과 사회적 책임 활동을 구분해서 진행한다. 반면에, CSV는 사회와 환경 영역을 기업 비즈니스와 연계하여 경제적 이익 증대를 모색한다. 구체적으로 CSV를 채택한 기업은 사회적 요구와 환경적 기준에 맞춘 신상품과 서비스를 개발하여 더 큰 수익을 도모한다. 기업이 CSV를 하는 또 다른 목적은 새로운 시장(new market)을 개척하고, 진입하기 위한 일종의 기업전략이다. 기업의 CSV 채택 전략은 새로운 자원이나 훌륭한 파트너들을 공급망 및 운영 체계에 연계시키고, 통합시킴으로써 자신의 생산성을 극대화한다. 기업은 지역공동체에서 사회나 환경 이익을 증대하기 위한 지역 클러스터를 만들 수 있고, 이를 다시 기업의 생산성 확대로 수렴해서 지역사회와 기업 모두가 성공하는 밸류체인을 구성할 수 있다(Moore, 2014; Motilewa, Worlu, Agboola, & Gberevbie, 2016).

CSV는 경제, 사회, 환경 영역에서 기업이 직면할 수 있는 이슈에 대한 소극적이고 방어적인 대응책이 아니다. CSV는 기업이 새로운 시장을 개척해서 과거에 없던 이익을 창출하고, 기존의 이익을 극대화시킬 수 있는 창의적인 기업전략이다. 동시에 기업이 비즈니스 행위를 하는 모든 영역에서 발생하는 문제점을 해결하고, 더 나아가 긍정적 상황이 배가되게 만드는 새로운 가치 창출의 사회책임경영실천

(socially responsible business practices)을 추구한다.

3. 환경, 사회, 지배구조(ESG)

ESG(Environmental, Social, & Governance, ESG)가 세계적으로 붐(Boom)을 이루고 있다. ESG 용어는 기업, 정부, 학계, 시민단체 등에서 과도하다 싶을 정도로 광범위하게 인용되고 차용된다. 모든 분야에서 ESG에 큰 관심을 갖는 이유는 인간이 선택한 자본주의를 유지하는 과정에서 발생하는 탐욕, 탈선, 파괴로 인해 현재 세대뿐만 아니라 미래 세대에게도 부정적인 상황이 만들어졌기 때문이다.

이에 유엔환경계획(UNEP)은 1987년 「우리 공동의 미래」보고서를 통해 지구의 "지속가능성"(sustainability)을 모색하기 위한 글로벌 차원의 개선 운동을 전개했다. 2004년 유엔 글로벌 컴팩트(UNGC)의 「Who Cares Win」보고서에서 ESG 용어가 공식적으로 처음 사용되었다. ESG의 핵심은 기업의 지속가능한 성장이 기업과 연관된 환경, 사회, 지배구조 측면의 다양한 위험과 기회의 관리에서 비롯된다는 것이다. 과거 기업의 성공은 주로 재무 영역의 높은 성과와 같은 말이었다. ESG는 지속가능성이 담보되지 않는 시장 상황에서 향후 기업의 성공은 환경, 사회, 기업의 지배구조와 같은 비재무적 영역에 대한 대응과 전략에 달려 있다고 보았다. 이제 기업은 재무적 성과와 함께 비재무적 성과에 대한 체계적이고 지속적인 관리가 필요하게 되었다.

2005년 초 당시 유엔 사무총장 코피 아난(Kofi Annan)은 책임투자

원칙 개발을 위한 프로세스에 참여할 세계적인 금융투자기관들을 초청했다. 12개국 20개 투자기관은 이 원칙에 동의했고, 2006년 이후로 2023년 3월 현재까지 총 5,406개 기관이 서명했다. 2006년 유엔책임투자(UN Principles of Responsible Investment, UN PRI)가 금융투자 원칙으로 ESG를 강조하면서 최근 기업을 경영하는 과정에서 비재무적 요소인 환경, 사회, 지배구조에 대한 경영체계의 기본이 만들어졌다. 자산운용사, 기관투자자, 대형금융기관은 기업투자 결정과 자산운용 시 반드시 해당 기업의 ESG 영역을 평가하고, UN PRI 원칙에 따라 기업가치를 측정하게 된다. UN PRI 6대 원칙은 다음과 같다.

원칙 1: 우리는 기업 투자분석 및 결정 과정에서 ESG 이슈를 반영할 것이다.

원칙 2: 우리는 적극적인 소유자가 될 것이고, ESG 이슈를 우리 소유권 관련 정책과 실천방안에 반영할 것이다.

원칙 3: 우리는 투자한 자산에 관한 ESG 이슈에 대해 적절한 공개를 추구할 것이다.

원칙 4: 우리는 투자산업 안에서 원칙의 수용과 실행을 촉진할 것이다.

원칙 5: 우리는 원칙들을 실행하는 과정에서 우리의 효율성을 향상시키기 위해 연대할 것이다.

원칙 6: 우리는 원칙들에 대한 활동과 과정에 대해 각각 공시할 것이다.

ESG는 지속가능성 현실화를 모색하는 인류의 노력 과정 중에 정립된 개념이다. 구체적으로 ESG는 기업의 '투자의사 결정 및 장기적인 재무 가치에 영향을 미칠 수 있는 중요한 비재무적 요인'을 의미한다. 혹자는 ESG는 착한 기업, 선한 영향력을 행사할 수 있는 기업을 만드는 기업전략이라고 표현하지만, ESG는 기업가의 용어라기보다 투자자의 용어에 가깝다. 과거의 투자자는 자신의 이익을 보장하기 위해 기업의 재무적 성과를 면밀히 분석하고 기업투자 결정을 했다면, 지속가능성을 고려하는 투자자들은 기업의 재무적 성과와 더불어 비재무적 성과인 환경, 사회, 지배구조 영역에서 투자 대상 기업의 상황을 파악하려 한다.

한국 ESG기준원(2023)의 ESG 평가체계를 살펴보면 기업의 ESG 평가 영역을 이해할 수 있다. 첫째, 기업의 환경(E) 영역을 평가하기 위해 사용하는 지표들은 환경 관련 리더십과 거버넌스, 위험관리, 운영 및 성과, 이해관계자 소통이다. 둘째, 사회(S) 영역의 경우, 사회문제 관련 리더십과 거버넌스, 노동관행, 직장 내 안전보건, 인권, 공정운영 관행, 지속가능한 소비, 정보보호 및 개인정보보호, 지역사회 참여 및 개발, 이해관계자 소통을 포함한다. 셋째, 지배구조(G) 영역은 이사회 리더십, 주주권 보호, 감사, 이해관계자 소통이 해당된다.

기업의 ESG 경영은 기업의 지속가능성 경영과 동의어로 쓰일 정도로 일반화되었다. 그만큼 기업들이 비재무 영역 관리의 중요성을 인식한 상태다. 향후 기업의 ESG 전략과 대응이 기업 미래의 성패를 좌우할 가능성이 있고, 지속가능성 경영에 표준화된 프레임워크를 갖춘 기업 경영이 대세를 이룰 것으로 보인다.

4. 이해관계자론(Stakeholder Theory)

기업의 제1 목표는 이윤 창출이다. 이론(異論)의 여지가 없다. 그러나 기업은 누구의 소유인가? 또는 기업의 이익은 누구에게로 귀속되어야 하나? 라는 질문에는 여러 답이 나올 수 있다. 기업과 관련있는 주체는 기업에 투자한 주주, 기업을 운영하는 경영진, 기업에 종사하는 직원, 기업에 소재, 부품, 장비, 서비스를 제공하는 협력업체, 기업의 상품을 구매하는 소비자, 기업을 규제하는 정부, 기업이 소속된 지역공동체, 그 지역의 시민단체 등 다양하다. 기업이 창출한 부는 주주의 것인가? 종사자의 것인가? 아니면 지역공동체의 것인가? 만약, 이들에게 부를 분배한다면, 누가 가장 많은 부를 가져가야 하는가? 이 지점에서 자본주의 경제 체제의 이해관계자 논쟁은 시작된다.

밀턴 프리드먼(Milton Friedman) 시카고대학교 경제학과 교수는 1970년 9월 13일 뉴욕타임스 사설에 "기업의 사회적 책임은 이윤을 늘리는 것이다"라고 주장했다. 이른바 프리드먼 독트린(The Friedman Doctrine) 이후, 기업 경영의 목적은 이익 극대화에 있다는 것이 하나의 정론이 되었다. 그가 말하는 핵심은 주주에 의해 고용된 기업 경영진은 사유재산 시스템 원칙에 따라 가능한 많은 돈을 벌어들이는데 사업의 초점을 맞추라는 것이다. 만약, 기업이 실적 향상을 통해 기업가치를 올리지 않고, 환경보호, 인권보호, 자선사업 등에 집중한다면 그것은 주주에 대한 신의성실(bona fides)의 원칙을 저버리는 것이다. 즉, 기업의 주인은 주주이며, 주주의 이익 극대화에 반하는 것은 자유시장 경제 체제에 대한 도전으로 보았다.

역사적으로 자본주의는 "주주자본주의"(shareholder capitalism)를 표방했다. 주주자본주의의 핵심은 주주가치 극대화다. 주주자본주의는 기업 경영의 중심을 주주에게 두고, 이들에게 최대의 이익이 돌아가도록 기업을 운영한다. 기업은 매 분기나 반기마다 실적을 공개하여 주주에게 높은 시세차익과 배당을 제공한다. 기업 경영진은 실적 위주 경영방식으로 인해 단기 성과에 집중하는 경향을 보인다. 주주는 주주가치 극대화에 이바지하는 경영진에게 파격적인 연봉과 인센티브를 제공한다. 반대로, 기업 성과를 이끌어내지 못하는 경영진에게 경영진 교체나 퇴진 압박을 통해 성과 미달성에 대한 벌칙을 확실히 한다. 이런 이유로 기업 경영진은 기업 성과를 단기간에 높이기 위해 경영을 왜곡하고, 배당률을 높여 막대한 기업자금을 주주에게 배분하며, 직원들의 복지, 급여, 근로환경, 산업안전 등을 희생시켜왔다. 이른바 기형적인 "분기 자본주의"(quarterly capitalism)의 모습이 나타났다(최남수, 2021).

이에 반해 에드워드 프리먼(R. Edward Freeman) 버지니아대학교 경영학과 교수는 기업은 주주가치뿐만 아니라 모든 이해관계자(stakeholders)를 위한 가치를 창조해야 한다고 주장한다. 기업의 이해관계자들은 주주, 직원, 협력업체, 소비자, 지역공동체, 시민단체, 정부 등을 포함한다. 기업은 기업과 관련된 모든 이해관계자의 이익을 고려해서 운영되어야 하며, 그래야 더 큰 이익을 확보하고 기업의 지속성을 유지할 수 있다고 단언한다. 그는 기업 운영에 가장 중요한 것은 이익이라고 말하지만, 이익 창출만으로 기업을 운영하기 어렵다고 주장한다. 인간이 생명을 유지하기 위해 반드시 적혈구가 필요하다고 생각하지만, 실제 인간의 생명 유지는 적혈구 이외에 다른 여러 가지 요소들이 필요하다.

"이해관계자 자본주의"(stakeholder capitalism)는 자본주의에 대한 근본적 인식 전환이며, 자본주의 주요 가치 체계에 대한 일종의 코페르니쿠스적 전회(轉回)라고 할 수 있다. 이해관계자 자본주의는 자본주의의 제1 핵심 가치인 "사유재산 인정"을 온전히 수용하지 않기 때문이다. 즉 내가 투자해서 획득한 내 이득이 내 것만이 아닌 우리의 것이 될 수 있다는 의미이다. 기업을 운영하는 것은 생각보다 단순하지 않다. 주주자본주의가 핵심으로 삼는 순이익 증대만으로 기업 경영을 할 수 있다고 믿는 것은 어쩌면 미신에 가까운 것이다. 기업의 주인은 주주만이 아니며, 기업의 영속성은 다양한 이해관계자 간에 뒤엉켜 있는 복합적인 가치를 어떻게 조율하고 상호 이해시켜 나가는가에 달려 있다. 기업은 단순히 시장 문제 해결만으로 지속적인 경영을 할 수 없고, 다양한 이해관계자들이 직면하고 있는 여러 가지 사회문제와 직간접적으로 연결되어 있다. 즉, 기업은 이해관계자들 간의 복잡계(complexity) 속에서 완전히 새로운 내러티브 혹은 생태계 안에 존재한다는 인식을 하게 된 것이다.

2022년 대한상공회의소는 자사가 운영하는 유튜브 채널 「ESG TV」를 통해 프리먼(Freeman)교수 특별강연을 진행했다.[1] 그의 특강 내용은 이해관계자론에 대한 다양한 함의였다. 프리먼(Freeman)은 이해관계자 중심적 관점을 다섯 가지 아이디어를 들어 설명했다.

1 이해관계자 이론-에드워드 프리먼(R. Edward Freeman) 버지니아대학교 교수 특별강연, 제목: Stakeholder Theory: From a Short-Term Profit Maximization Perspective to a Stakeholder-Centered Perspective, Retrieved 7/07/2023 from https://www.youtube.com/watch?v=MdunnDDlr78

그의 주장을 이해할 때, 주의해야 할 점은 프리먼의 이해관계자론(stakeholder theory)이 주주가치를 경시하는 것이 아니라는 것이다. 그는 다수의 위대한 기업들이 장기간 주주가치 극대화를 위해 운영되어왔다는 사실을 인정한다. 이해관계자론은 기업이 주주가치 극대화와 더불어 무엇이 더 필요한지 생각해보고, 그 안에서 놓치고 있던 어떤 아이디어들을 재발견하도록 돕는 역할을 한다.

이해관계자론의 첫째 핵심은 기업 목적(purpose)과 이익(profit)에 관한 재발견이다. 고전적 자본주의 체계에서 기업은 오직 이익을 중시한다. 현재도 기업의 이익 중시는 더 이상 설명할 필요도 없이 중요하지만, 기업이 단지 이익만을 위해 존재한다고 보지는 않는다. 우리가 아는 위대한 기업의 창업자들은 최대한 많은 돈을 벌겠다는 신념만으로 기업 경영을 하지 않았다. 스페이스 엑스(Space X)와 테슬라(Tesla) CEO 일론 머스크(Elon Musk)는 지구환경을 지켜 인류의 삶을 연장하고, 화성에 가서 인간이 살 수 있다는 비전을 가졌다. 억만장자 괴짜 기업대표 일론 머스크는 6개의 기업을 운영하고 있지만, 모두 인류의 미래를 위한 사업이다. 고인이 된 애플의 창업자 스티브 잡스(Steve Jobs)의 경우, 독창성과 상상력, 지속가능한 혁신의 아이콘으로 불린다. 그는 디지털 시대의 새로운 장을 열기 위해 단순히 성능을 끌어올린 Mac Book이나 IPod, IPhone의 신제품을 만든 것이 아니라 새로운 시도로 인류의 삶, 문화, 일상의 진일보를 위해 창의성을 강조하는 경영방침을 고수했다.

"위대한 기업"(The Great Company)은 소비자들의 인식 속에 자사의 설립목적을 각인시키기 위해 진정성을 강조했다. 모든 기업이 자사의 설립목적을 브로셔에 공개하지만, 그 목적이 진정성을 가지려면 말로만 떠드는 것이 아니라 기업 시스템이나 관행에 녹아 있어야 한다. 어떤 기업이 환경보호를 중시한다고 하면서 오염수를 무단 방출한다면, 그것은 오히려 환경에 무관심하다는 증거가 된다. 기업 목적이 기업 운영 시스템과 프로세스에 상존하려면 반론 제기의 자유가 주어져야 한다. 특정 사안에 대해 피드백을 줄 수 있거나 반대할 수 있는 문화가 전제되어야 기업 목적과 이익에 대한 우선순위 결정 시 적절한 해답을 줄 수 있다. 위대한 기업의 명성을 원하는 기업은 단순히 이익 창출 여부에 따라 의사결정을 하지 않고, 자사 설립목적에 근거한 고민 끝에 기업 행위를 한다.

둘째, 이해관계자에 대한 재발견이다. 기업과 관련이 있는 이해관계자는 다양하고, 그 다양한 이해관계자 중에 주주는 일부일 뿐이다. 이해관계자들은 서로 간에 복잡하게 연관되는 경우가 많다. 예를 들어, 기업이 직원을 존중하지 않을 경우, 그 직원은 소비자를 함부로 대하거나 일을 게을리할 가능성이 있다. 기업지배구조가 투명하지 않아 기업대표의 가족회사와 같은 특수관계자에게 불법으로 이익을 넘겨줄 경우, 규제 대상이 되어 정부 제재를 받을 수 있다. 기업이 하청업체 직원의 근로환경을 열악하게 유지할 경우, 산업재해에 의해 엄청난 배상비 부담을 안을 수 있다. 기업은 이해관계자의 이해관계를 조화롭게 만들어야 한다. 모든 이해관계자들은 모두 다른 이해를 가지고 있다. 모든 이해관계자들이 같은 이해관계를 가질 수도 없고, 바람직하지도 않다. 그러나 최소한 이들이 다름을 유지하면서도 같은 방향으로 갈 수 있도록 해야 한다. 이해관계자들은 서로 상호의존적이며, 거래(transaction)가 아닌 관계(relationship)로 이어져 있다. 거래는 계약 해지에 의해 종료되지만, 관계는 그

속에 지속성이 내포되어 있다. 지속적인 쌍방향적 관여(interactive engagement)를 통해 직원, 지역공동체, 협력회사와 같은 이해관계자들은 최소한 수년에서 수십 년 동안 관계를 맺는다. 따라서 기업은 특정 이해관계자만이 아닌 모든 이해관계자의 의견을 경청하고, 문제를 해결해주며, 이들이 더 많은 이득을 획득할 수 있도록 고민해야 한다. 매우 어려운 일이다. 이 문제를 해결하려면 기업은 창의적 상상력(creative imagination)을 발휘해야 한다. 이해관계자 모두를 만족시킬 수 있는 해결책을 도출하기 위해 동원할 수 있는 모든 상상력을 가동해야 한다.

셋째, 기업은 사회문제(societal issues)와 시장 문제(market issues)를 분리해서 인지하면 안된다. 기업은 시장에 존재하지만 시장은 사회에 존재하고, 사회의 모든 문제는 시장에 영향을 미치는 구조다. 기업은 사회문제를 해결할 수있는 힘을 지녔다. 예를 들어 기후위기 해결을 위한 논의에서 기업이 빠진다면, 그 문제는 영원히 해결되지 못할 수도 있다. 기업의 폐기물처리 기술, 탄소 제거 기술, 저비용 에너지 기술 등은 창의성 있는 기업만이 선도적으로 추진할 수 있다. 기업이 모든 문제에 관심을 가질 필요는 없지만, 자신의 영역에서 더 나은 사회를 만들 수 있다.

넷째, 인간은 "단순한 경제적 동물"이 아니다. 인간은 경제에 민감하지만 보기보다 훨씬 더 복합적인 존재다. 인간은 단기적 사익을 최대화하는데 몰두하는 존재로만 치부하기 어려운 부분이 있다. 인간은 이기적이지만 이타적이기도 하다. 사이코패스도 자신의 자식은 사랑한다. 인간은 극단적인 폭력성과 이기심을 가지기도 하지만, 타인을 위해 자신을 희생하기도 한다. 기업활동은 이런 존재를 대상으로 한다. 기업은 인간을 복합적인 대상으로 간주해야지 경제적 사익만을 추구하는 이기적인 대상으로 보면 안된다. 인간은 당근과 채찍, 논공행상이 필요하다. 그러나 기업이 이런 방식으로 직원을 대하면, 그 직원은 불이익을 모면하기 위해 일을 적당히 하거나, 당근과 이익이 주어질 때만 일하려 할 것이다. 기업은 직원이든 소비자든 간에 모든 인간을 존중하고 인정하고 배려해야 한다. 이점을 잊을 때, 기업은 우리 생태계에서 사라지거나 최소한 좋은 기업으로 기억되지 않을 것이다.

마지막으로, 기업 윤리를 중요하게 생각해야 한다. 기업을 운영하는 사람들은 비윤리적이라는 평가가 지배적이다. 뉴스에 보도되는 기업 관련 사건은 대부분 부정적이다. 기업 총수의 스캔들, 분식회계, 종업원에 대한 비인격적 대우, 하청업체에 대한 대기업의 횡포 등이 모두 포함된다. 그러나 뉴스에 보도되는 이런 기업이 다수가 아니다. 대부분 기업들은 열심히 일하고 올바르게 기업행위를 하려 한다. 기업경영과 윤리를 분리하려는 행동은 잘못된 것이다. 기업은 사회적 협력을 모범적으로 구현한 일종의 제도다. 혼자서 가치를 만들 수 없기 때문에 기업은 협력의 상징이다. 기업경영과 윤리는 같이 가는 개념이어야 한다.

프리먼(Freeman)은 다음과 같은 자문자답을 통해 이해관계자론을 정리했다. "기업이 윤리적으로 기업활동을 하면 수익을 보장할 수 있나요?"라고 묻는다면, 프리먼(Freeman)은 다음과 같이 답할 수 있다고 한다. "이해관계자를 고려한 기업경영이 수익을 보장할 수 있을지 확신할 수 없다". 그러나 만약 "이해관계자를 고려한 기업경영이 돈을 벌게 해주는가?" 라고 질문한다면, 그는 자신있게 "이해관계자를 고려한 기업경영이 수익을 창출한 사례가 많다"고 답할 수 있다고 했다. 이해관계자론은 기업의 지속가능성 경영의 이론적 토대를 마련해주었다. 기업이 지속가능한 발전을 한다는 것은 시장에서 장기간 생존하는 것이다. 시장은 사회의 영향을 받고, 사회를 구성하는 다양한 이해관계자들의 복잡한 상호작용에 의해 예측불가능한 방향으로 변화한다. 기업이 시장에서의 변화를 정확히 예측할 수 없다면, 주주만을 고려한 기업활동보다 다양한 이해관계자를 고려한 기업경영이 변화에 대응하는데 더 적절한 방법이 될 수 있다.

참고문헌

우형진 (2022). 미디어 기업의 ESG. 서울: 커뮤니케이션북스.

최남수 (2021). 이해관계자 자본주의. 서울: 도서출판 새빛.

한국 ESG기준원 (2023). 한국 ESG기준원 ESG 평가방법론, Retrieved 8/25/2023 from https://www.cgs.or.kr/business/esg_tab01.jsp

Moore, C. (2014). Corporate Social Responsibility and Creating Shared Value: What's the difference?, *Heifer International*.

Motilewa, B. D., Worlu, E.K.R., Agboola, G. M., & Gberevbie, M. A. C. (2016). Creating Shared Value: A Paradigm Shift from Corporate Social Responsibility to Creating Shared Value, *International Scholarly and Scientific Research & Innovation, 10*(8), 2670-2675.

Schwartz, M. S., & Carroll, A. B. (2003). Corporate Social Responsibility: A Three-Domain Approach, *Business Ethics Quarterly, Vol. 13*, Issue 4, pp. 503-530.

Friedman, M. (1970.9.13). A Friedman doctrine—The Social Responsibility of Business Is to Increase Its Profits, The New York Times. Retrieved 9/14/2023 from https://www.nytimes.com/1970/09/13/archives/a-friedman-doctrine-the-social-responsibility-of-business-is-to.html

제3장

지속가능성 경영 정보 공개 기준

기업의 지속가능성 경영은 전통적으로 기업이 관리한 재무성과와 함께 비재무 성과에 대한 관리 강화를 의미한다. 과거와 달리, 기업은 이익 창출에만 집중해야 하는 것이 아니라 기업과 연관된 환경, 사회, 지배구조에 대한 위험과 기회를 측정, 평가, 공시, 환류하여 기업가치를 극대화해야 한다. 문제는 기업의 비재무적 요소들을 어떻게 측정하고 평가해야 하는지 그리고 어떤 표준에 근거해서 공시해야 하는지 그 기준이 제대로 마련되어 있지 않다는 점이다. 지속가능성 경영에 대한 글로벌 수준에서 확정된 표준이 부재하기 때문에 기업 간 비교가 매우 어렵다. 물론, UN Global Compact(2000), UN PRI(2006), UN SDGs(2015) 등 유엔이 주도한 여러 번의 실행계획 공표가 있었지만, 이것은 지속가능성 영역에 대한 분류 기준을 제시하거나 핵심 목표를 제안한 것이지 기업의 ESG 정보 공개에 대한 공시 항목, 절차, 형식을 구체화한 것은 아니다. 이를 해결하기 위해 GRI(Global Reporting Initiative), SASB(Sustainability Accounting Standards Board), TCFD(Task Force on Climate-related Financial Disclosure), ISSB(International Sustainability Standards Board)가 순차적으로 발족되어 기업의 지속가능성 경영 정보 공시에 대한 글로벌 표준을 마련하고 있는 중이다.

국내에서도 이에 호응하여 기업의 지속가능성경영보고서 제출의 단계적 의무화(2025년까지 자율공시 권고, 2025년~2030년까지 일정 규모 이상 기업의 지속가능성경영보고서 공시 의무화, 2030년 이후, 상장사 전체 지속가능성경영보고서 공시 의무화 추진)와 국내 기업의 글로벌 공시기준 표준화 추세에 대응할 수 있도록 SASB 기준 주요 내용을 국문으로 번역하여 공개하고 있다. 2021년 1월 한국거래소는 상장기업의 지속가능성경영보고서 자율공시 촉진의 일환으로 「ESG 정보공개 가이던스」를 마련했다. 「ESG 정보공개 가이던스」는 ESG 정보공개의 필요성, 지속가능성경영보고서 작성과 공개 절차, 준수해야 할 원칙 및 ESG 정보 공개와 관련된 글로벌 표준에 대해 설명하고 있다.

세계 다수의 기업들은 현재 표준화되어 있지 않은 공시기준에 따라 각각 기업의 상황에 맞게 다양한 지속가능성 경영 정보를 공시하고 있지만 대부분 GRI, SASB 기준, TCFD 권고 절차를 따른다. 2021년 11월 3일 국제회계기준재단(International Financial Reporting Standards, IFRS)은 유엔기후변화협약당사국 총회(Conference of Parties, COP26)에서 국제지속가능성기준위원회(International Sustainability Standards Board, ISSB) 설립을 발표했다. IFRS는 기존 글로벌 공시기준인 GRI, SASB, TCFD의 내용을 ISSB로 통합하여 공시 기준의 글로벌 표준을 모색하겠다고 선언했다. 2023년 6월 현재

ISSB는 글로벌 표준 지속가능성 경영 공시기준을 발표했다. IFRS는 TCFD가 맡았던 기후공시 모니터링 업무도 2024년부터 ISSB로 이관하기로 결정했다.

이 지점에서 눈여겨보아야 할 것은 기업의 지속가능성 경영 정보 공시 방법이다. 기업이 자사의 지속가능성 경영 정보를 공시하는 방법은 크게 3가지로 나뉜다(ESG경제, 2023.7.16). 첫째, '지속가능성경영보고서' 제출 방식이다. 현재 다수의 기업들이 자사가 수행하고 있는 환경 및 사회에 대한 책임활동을 지속가능성경영보고서를 통해 자발적으로 작성하고 공개하고 있다. 그러나 최근 유럽연합과 미국이 지속가능성 경영 정보와 사업보고서 내용 통합 방침을 발표하면서 지속가능성경영보고서 제출 방식은 폐기될 가능성이 있다. 둘째, '사업보고서 통합 방식'이다. 기업이 기존에 공개해야 하는 재무제표와 함께 지속가능성 경영 정보 요소들이 기업에 어떤 영향을 미치는지 설명한 보고서를 함께 제시하는 방법이다. 기업의 재무제표가 환경, 사회, 지배구조 요인들로부터 어떤 영향을 받는지 통합하여 제시하는 방법이다. 셋째, '증권거래소 공시 방식'이다. 주식시장에 상장된 기업들이 주식 거래소에서 금융당국이나 거래소가 만든 자체 공시기준에 따라 해당 지속가능성 경영 정보를 약식으로 제공한다. 이 방식은 지속가능성경영보고서나 재무제표와 ESG 관리내용을 통합보고서 형식으로 제출할 필요없이 거래소 공시를 통해 이해관계자들과 소통하게 된다. 기업들은 비용이 적게 들고, 관리가 편한 마지막 방식(증권거래소 공시)을 선호하는 편이다.

한국의 경우, ISSB를 벤치마킹하여 한국회계기준원 산하에 KSSB(한국지속가능성기준위원회)를 설립하고, ISSB 공시기준을 기초로 한국형 지속가능성 경영 정보 공시기준을 운영하고 있다. ISSB가 국제회계보고재단 산하 기구라는 점에서 국내 KSSB도 ISSB의 목표와 방향을 따라갈 가능성이 있다. 이런 점에서 국내 지속가능성 경영 정보 공시는 "사업보고서 통합 방식"으로 공시 형식을 일원화할 가능성이 있다.

1. 글로벌 보고 이니셔티브(GRI)

1989년 3월 24일 알래스카를 항해하던 엑슨 발데즈(EXXON Valdez)호가 좌초하면서 원유 유출 사고가 발생했다. 엑슨 발데즈호 사건은 인간이 저지른 역대 최악의 환경파괴 사건으로 기록되고 있다. 이 사건을 계기로 미국 환경보호단체 "세레즈"(Coalition for Environmentally Responsible Economies, CERES)가 기업이 준수해야 할 환경 윤리 기준을 발표했다. 세레즈 원칙(CERES Principles)의 핵심은 기업이 자신의 행위로 인해 발생하는 모든 재해에 대해 책임지고 원상복구를 하는 것이다. 구체적으로 이 원칙은 '철저한 정보공개', '에너지 이용 효율성 향상', '폐기물 감축', '천연자원의 지속 가능한 이용', '환경 및 안전상의 위험 감소', '환경문제 담당자 임명', '환경문제에 관한 기업감사서의 공시'를 규정하고 있다. 세레즈는 기업의 환경 책임 실행을 위해 추후 유엔환경계획(UNEP)과 협약을 맺고, 이 협약을 통해 1997년 비영리기관 글로벌 보고 이니셔티브(Global Reporting Initiative, GRI)가 출범했다.

GRI 출범 목적은 세레즈 원칙에 따라 기업의 환경 책임을 체계화하는 프로토콜을 만드는 것이다. 이후 GRI의 실제 진행은 원래 목적을 확장하여 환경 이외에 기업과 연관된 경제, 사회, 경영 등 모든 영역을 점검하는 지속가능성 보고 체계 가이드라인을 만드는 것에 중점을 두게 된다. GRI는 지속가능성 보고를 "조직의 경제적, 환경적, 사회적 영향과 지속가능한 개발목표에 대한 긍정적 또는 부정적 기여에 대해 공개적으로 보고하는 조직의 관행으로서 지속가능발전을 위한 조직의 성과를 측정 및 공개하고 내/외부 이해관계자에게 책임을 약속하는 활동"(한국공인회계사회, 2022, p.104)으로 정의했다.

GRI는 2000년 G1(GRI 가이드라인 버전1)을 시작으로 5차례 개정을 한 바 있다. 가장 최근의 개정은 2021년 6번째 버전이다. GRI 기준 2021은 구체적으로 세 가지(공통, 산업, 주제) 기준을 제시하고 있다. 첫째, 공통기준은 GRI 1(기준 사용을 위한 요구사항 및 원칙 설명), GRI 2(조직에 대한 일반공개 항목 설명), GRI 3(조직의 중요주제에 대한 공시 내용 및 지침 설명)을 포함한다. 공통기준에서 GRI 1은 지속가능성경영보고서의 기본이 되는 핵심 개념(영향, 중요주제, 실사, 이해관계자)을 명시한다. 특히 이 개념들 사이에 공통으로 인권에 대한 사항을 적용하여 설명한다. GRI 2는 5가지 영역으로 구분한다. Section 1은 조직 및 보고 관행, Section 2는 활동 및 근로자, Section 3은 지배구조, Section 4는 전략, 정책 및 관행, Section 5는 이해관계자 참여다. GRI 3는 중요주제에 대한 사항으로 조직이 경제, 환경, 사람에게 미치는 영향을 집중적으로 다룬다.

둘째, 산업 기준은 지속가능성 경영 보고 대상 기업이 경제, 환경, 사람에게 미치는 대주제에 기반한 중요 핵심 주제를 선정하고, 주제별로 무엇을 보고 해야 하는지 보고의 일관성, 투명성, 책임성을 다룬다. 현재 40개 산업 기준이 개발 중이다. 2021년 'GRI 11: 석유 및 가스'가 최초의 산업 기준으로 공표되었고, 2022년 'GRI 12: 석탄', 'GRI 13: 농업·양식업·어업'이 개발되었다(한국공인회계사회, 2022). 산업 기준의 핵심은 지속가능성 경영 보고 대상 기업이 소속한 산업 선정, 선정된 산업과 보고 대상 기업 간의 관계 및 지속가능발전 상황 설명, 그리고 22개의 중요주제(온실가스 배출, 기후적응, 회복, 처리, 대기 배출, 생물다양성, 폐기물, 수질오염, 직업 안전 및 건강, 결사의 자유, 지역사회, 반부패, 공공정책 등) 제시다. 지속가능성 경영 보고 대상 기업은 열거된 22개 주요 주제 중, 자신의 기업과 관련된 주제를 선정해서 설명과 보고해야 할 지표를 선택해야 한다. 22개 모든 주제를 보고할 필요는 없지만, 보고하지 않는 주제가 왜 자사와 연관되지 않는지 해당 이유를 설명해야 한다.

셋째, 주제 기준은 총 31개 세부주제를 포함하고 있다. 각 주제는 'GRI 200: 경제 주제', 'GRI 300: 환경 주제', 'GRI 400: 사회 주제'로 구분된다. GRI 200 경제 주제는 7개 세부 주제(경제성과, 시장지위, 간접경제 영향, 구매 관행, 반부패, 불공정행위, 조세)로 구분되고, 이를 검증하기 위해 17개 공시항목이 사용된다. GRI 300 환경 주제는 7개 세부 주제(원재료, 에너지, 용수, 생물다양성, 배출, 폐기물, 협력사 환경평가)로 구분되고, 이를 검증하기 위해 31개 공시항목이 사용된다. 사회 주제는 17개 세부 주제(고용, 노사관계, 산업안전 및 보건, 교육훈련, 다양성 및 평등한 기회, 차별금지, 결사의 자유 및 단체협약, 아동노동, 강제노동, 보안 관행, 원주민 권리, 지역사회, 협력사 사회평가, 공공정책, 소비자 안전보건, 마케팅 및 라벨링, 고객정보보호)로 구분되고, 이를 검증하기 위해 36개 공시항목이 사용된다.

GRI 보고 대상 기업은 중요 주제 우선순위에 따라 주제를 열거한다. 기업이 작성한 GRI 보고서는 공통기준, 산업기준, 주제기준을 검증할 수 있는 관련 지표를 포함하여 GRI 보고서를 발간하고, GRI에 제출하는 절차를 따른다.

2. 지속가능성회계기준위원회(SASB)

지속가능성회계기준위원회(Sustainability Accounting Standards Board, SASB)는 지속가능성 회계기준을 정립하여 기업과 투자자 간 지속가능성 회계 정보 소통을 원활하게 하기 위한 목적으로 설립된 비영리기관이다. 최근 기업들은 기후변화, 사회적 책임, 기업 지배구조에 대한 부적절한 대응으로 커다란 위기에 봉착하는 경우가 있었다. 기업은 전통적 회계업무만으로 기업의 현재 가치와 미래를 전망하기 어렵다는 것을 깨달았다. 특히, 비재무적 영역의 불확실성 증가는 기업의 지속 성장을 가로막을 수 있다고 보았다. 더욱이 기업의 지속가능성 정보에 대한 투자자들의 요구가 높아짐에 따라 기업은 사업전략 및 재무성과와 명확히 관계가 있는 지속가능성 정보 지표를 공개해야 했다(SASB 이행입문서, 2020). 투자자들은 이 지표가 타 기업의 동일 지표와 비교 가능하고, 일관되며, 신뢰성을 갖춘 공개 지표이길 희망했다.

지속가능성 공시 관련 기업과 투자자의 애로사항을 해소하고자, SASB는 기업 투자자 및 자본 제공자를 위해 지속가능성 정보 공개 기준을 개발하여 전 세계 기업 간 지속가능성 정보 비교가 가능한 체계를 개발했다. GRI가 다양한 이해관계자의 관심 주제인 환경, 사회, 지배구조에 대한 모든 주제와 연관된 정보를 제시하려 했다면, SASB는 기업의 재무상태 또는 영업가치에 영향을 미칠 것으로 예상되는 지속가능성 요소에 대한 중요 데이터를 식별, 관리, 커뮤니케이션하는데 더 중점을 두었다.

2011년 설립된 SASB는 2017년 77개 산업 분류 체계를 발표하였다. SASB는 산업을 11대 부문, 77개 산업 분류 체계로 구분하고, 산업별 특정 기준을 제시하여 동종 기업 간의 비교 가능한 ESG 정보를 제공하고 있다(한국공인회계사회, 2022). SASB의 지속가능성 산업 분류체계(Sustainable Industry Classification System, SICS)는 전 세계적으로 적용가능한 공시 주제(SASB 주제)와 회계 지표(SASB 지표)로 구성되었다. SASB 기준은 기업의 지속가능성 위험 및 기회를 식별하고 관리하는 것과 동종 기업 또는 산업 기준 대비 성과 측정에 도움이 되는 프레임워크라고 할 수 있다(SASB 이행입문서, 2020).

SASB 기준 체계는 6가지 목적을 달성함으로써 투자자들이 신뢰하는 공시 표준이 되었다(한국공인회계사회, 2022; SASB 이행입문서, 2020). 6가지 목적은 첫째, "재무적 중요성"이다. 기업의 시장가치에 가장 큰 영향을 미치는 지속가능성 요소를 식별하기 위해 고안된 기준을 만들었다. 둘째, "의사결정 유용성"이다. 기업이 합리적인 결정을 내리는데 충분하고, 신뢰할 수 있는 정보 제공에 주안점을 두었다. 셋째, "비용효과성"이다. 투자자가 최소 비용으로 지속가능성 정보에 접근할 수 있도록 한다. 넷째, "산업 특유성"이다. 기업별로 소속된 산업의 고유한 특성을 식별할 수 있도록 하여 투자자의 결정을 용이하게 한다. 다섯째, "근거 기반"이다. 투자자가 합리적 판단을 할 수 있도록 지속가능성 주제에 대한 재무적 근거와 신뢰 가능한 증거의 출처를 명확히 한다. 여섯째, "시장정보 기반"이다. SASB는 특정 주제의 체계적이고 현실적인 기준 제시를 위해 기업 전문가, 투자자, 채권자, 해당 주제 분야 전문가 등 모든 이해관계자들의 관점을 적극 수용한다.

SASB의 11대 부문은 '소비재', '식음료', '헬스케어', '재생가능 자원 및 대체 에너지', '인프라', '추출물 및 광물처리', '금융', '서비스', '기술 및 통신', '자원 변환', '운송'이다. 부문별로 평균 7개 세부 산업 분류로 나뉘어 총 77개 세부 산업 분류가 가능하다. 예를 들어, OTT 선두 주자인 넷플릭스의 경우, SASB 기준 산업 체계에서 '기술 및 통신' 부문의 '인터넷 미디어 및 서비스'로 분류된다. CJ ENM은 '서비스' 부문의 '미디어 제작 및 배급'으로 산업 분류된다. 특정 기업이 SASB 기준에 따라 11대 부문 중 한 영역과 해당 세부 산업 분류 체계 중 한 범주에 속하게 되면, 자사와 관련된 광범위한 지속가능성 주제를 포괄해서 설명해야 한다.

SASB의 지속가능성 주제는 5대 지속가능성 사안 및 30개 이슈로 구성되어 있다(한국공인회계사회, 2022). 5대 지속가능성 사안은 '환경', '사회적 자본', '인적 자본', '사업 모형 및 혁신', '리더십 및 지배구조'다. "환경"의 경우, '온실가스 배출', '대기질', '에너지 관리', '연료 관리', '물 및 폐수 관리', '폐기물 및 유해물질 관리', '생물다양성 영향'이 주요 이슈다. "사회적 자본"의 경우, '인권 및 지역사회 관계', '접근성 및 적정가격', '고객 편익', '데이터 보안 및 고객 프라이버시', '공정한 공개 및 라벨링', '공정한 마케팅 및 광고'가 주요 이슈다. "인적 자본"의 경우, '노사관계', '공정 노사관행', '다양성 및 포용성', '직원 건강, 안전, 복지', '보상 및 복리후생', '직원 채용, 계발, 유지'가 주요 이슈다. "사업 모형 및 혁신"의 경우, '재화와 용역의 수명주기에 걸친 영향', '자산 및 영업에 미치는 환경/사회적 영향', '제품 포장', '제품 품질 및 안정성'이 주요 이슈다. "리더십 및 지배구조"의 경우, '체계적 위험관리', '사고 및 안전성 관리,' '사업 윤리 및 지급 투명성', '경쟁적 행위', '규제 포획 및 정치적 영향력', '자재 조달', '공급망 관리'가 주요 이슈다.

SASB 지속가능성 산업 분류 체계 기준은 산업별 부문과 산업 분류 하위에 '공시주제', '측정 지표', '프로토콜'(측정지표의 정의, 공시 범위, 적용 및 작성 방법 세부 지침), '활동 지표'를 명기한다. 예를 들어, 수력발전소의 경우, "인프라" 부문의 "전력 및 발전 산업" 분류에서 공시주제로 "물관리"를 선정하고, 이에 대한 측정지표로 "총취수량", "총 용수 소비량"의 비율을 사용할 수 있다. 또한 프로토콜에서 해당 측정 지표들에 대한 "정의", "범주"(정량적 혹은 정성적), "측정단위", "코드명" 등을 설명하고, 활동 지표로 해당 기업의 "사업 규모", "총 직원 수", "시설 수", "서비스 제공량"과 같은 사업 정보를 포함하여 SASB 지표상 명확히 알 수 없는 기업의 맥락 정보를 제공한다.

3. 기후변화 관련 재무정보 공개 협의체(TCFD)

기후변화 관련 재무정보 공개 협의체(Task Force on Climate-related Financial Disclosure, TCFD)는 2015년 G20 재무장관 회의의 요청에 따라 설립된 금융안정위원회(FSB)가 주도한 기후변화 관련 정보 공시 촉진 협의체다. TCFD는 위험관리 차원에서 기후변화가 기업 경영에 미치는 위험과 기회 요인을 재무성과와 연계하여 체계적으로 공시하는데 목표로 두고 있다.

TCFD는 기업 경영에 미치는 기후변화 관련 위험을 크게 '전환적 위험'과 '물리적 위험'으로 나누어 공시하도록 권고하고 있다. 첫째, 전환적 위험은 기후변화 관련 정책 변화 및 소송의 증가를 의미하는 정책 및 법률 위험, 탄소중립 신기술의 등장 및 기술주기에 따른 기술적 위험, 소비자 수요 및 시장의 변화에 따른 시장 위험, 정보의 급속한 확산에 따른 기업 이미지 실추가 기업 평판에 미치는 평판 위험으로 구분한다. 둘째, 물리적 위험은 홍수, 가뭄, 태풍, 지진, 집중호우와 같은 극심한 기상현상 증가에 따른 급성 위험과 해수면 상승, 기후 패턴의 변화 등 장기적 변화에 따른 만성 위험으로 구분한다.

TCFD의 또 다른 권고는 기후변화로 인해 발생하는 기업의 기회 요소를 공시하는 것이다. 기후변화에 따른 기업의 기회는 생산, 유통, 운송, 건물 등 전반적인 효율성 향상에 따른 자원 효율성 기회, 재생에너지 투자 및 저탄소 에너지원 전환에 따른 신생 에너지 자원 확보 기회, 신규 저탄소 제품 및 서비스 등장에 따른 제품 및 서비스 기회, 신규 시장 접근성에 의한 신시장 개척 기회, 신재생에너지 프로그램 참여 및 자원 다각화 등에 따른 회복탄력성이다. TCFD는 기후변화에 따른 기업의 위험과 기회를 위의 내용을 근거로 해서 구체적으로 작성하도록 권고하고 있다.

TCFD는 2017년 권고안과 함께 권고 이행지침(implementation primer)을 발표하여 기후변화 정보 공시를 더욱 현실화했다. TCFD는 기본적으로 금융안정위원회 주도로 구성되었기 때문에 금융권의 기후변화 대응을 우선하고 있으나 전체 산업에 적용가능한 공통 지침도 제시하고 있다. TCFD는 기후변화 정보 이용자들이 쉽게 접근하여 해당 정보를 숙지할 수 있도록 기업의 사업보고서 또는 별도 보고서로 발행할 것을 권고한다(한국공인회계사회, 2022).

TCFD 정보공시의 4가지 핵심은 '지배구조', '전략', '위험관리', '지표 및 목표'로 구성된다. 첫째, 지배구조의 경우, 기업의 최고의사결정기구가 기후변화 관련 위험과 기회 요인들을 어떻게 평가, 관리, 감독, 대응하고 있는지 공개한다. 기업 이사회나 경영진이 기후변화가 기업에 미치는 영향 또는 그 반대의 경우인 기업이 기후변화에 미치는 영향을 측정하고, 기후변화 대응에 대한 기업의 의사결정 비용, 경영방침, 규제 대응 등에 대한 프로토콜이 통합되어 운영되고 있는지 관련 정보를 제공한다. 둘째, 전략은 기후변화가 기업의 재무성과에 단기, 중기, 장기에 따라 어떤 영향을 주는지 시기별 변화를 설명한다. 예를 들어, TCFD 지침에 따라 시기별 탄소배출량 감소를 어떻게 추진할지 구체적인 프로젝트와 사업을 명기해야 하며, 해당 사항을 정량적, 정성적으로 설명해야 한다. 또한 시나리오를 설정하여 시나리오별 탄소배출량 감소 정도를 정량적으로 제시한다. 셋째, 위험관리는 기후변화에 대한 위험과 기회를 식별, 평가, 관리하고, 대응하는 과정을 조직적으로 체계화하는 것을 의미한다. 기후변화에 따른 기업의 위험과 기회 유형을 분류하고, 기존의 기업 리스크 관리와 연동하거나 통합하는 방식을 설명한다. 전략이 기후변화에 대한 미래 대응이라면, 위험관리는 기후변화 관리에 대한 현재 내부 관행 관리를 의미한다. 넷째, 지표 및 목표는 기후변화 관련 위험과 기회를 평가하기 위한 지표 공개를 의미한다. 예를 들어, 탄소배출량, 에너지 소비량, 폐기물 배출량 관련 지표를 제시하고, 해당 지표와 재무제표 간의 인과관계를 설명한다. 탄소배출량의 경우, 스코프 1[1](직접배출), 스코프 2[2](간접배출)는 필수 공개이고, 스코프 3[3](기타 간접배출)은 조건부 공개다.

2018년 전 세계 513개 기업이 TCFD를 지지한 이후, 4년 만에 TCFD 지지 기업 수(2,616개)가 510% 증가했다(TCFD 2021 Status Report, 2021). EU, 미국, 일본, 뉴질랜드, 한국은 ESG 경영공시를 TCFD 권고안을 반영하여 법제화하고 있다.

4. 국제지속가능성기준위원회(ISSB)

2000년 이후, 유엔 주도의 여러 이니셔티브, GRI, SASB, TCFD 등 기업의 지속가능성 경영 정보 공시에 대한 다양한 권고, 지침, 기준, 프로토콜 등이 소개되었다. 기후변화 대응, 사회적 책임 실현, 기업의 투명한 지배구조에 대한 글로벌 차원의 실천 계획들이 각 국가 단위 조직과 기업에 전파되었다. 각국 정부는 기업이 시기별 로드맵

1 기업이 활동하는 과정에서 직접 배출하는 탄소 배출을 의미한다. 예를 들어, 건물의 난방을 위해 보일러를 운영하거나 업무용 차량에서 배출하는 탄소 배출이 포함된다.

2 기업이 제품을 생산하는 과정에서 외부 전력을 이용하는 경우, 외부 전력 생산과정에서 발생하는 간접적 탄소 배출을 의미한다.

3 기업의 전통적 책임 영역은 원자재 조달-생산-분배이다. 조달 이전의 업스트림(upstream)과정에서 발생하는 탄소 배출, 그리고 제품의 분배 이후 소비자의 사용이나 해당 제품 폐기 과정인 다운스트림(downstream) 과정에서 발생하는 총 탄소 배출량을 말한다.

을 제시하고, 지속가능성 경영 정보 공시를 자율적으로 선택하게 권장했다. 초기 기업들은 자사의 상황에 적합한 각기 다른 공시기준을 선택하거나 심지어 복수의 공시기준들을 모두 채택하여 보고서를 만들기도 했다. 시간이 지날수록 기업의 지속가능성 경영 정보 공시 권고가 의무로 변하면서 이 의무는 기업의 부담을 가중시켰다. 특히, 글로벌 표준 지속가능성 경영 정보 공시기준이 부재한 상태에서 기업 간 지속가능성 경영 정보 비교가 불편하거나 혹은 불가능했고, 기업의 지속가능성 성과의 왜곡이나 관련 정보 해석의 오해를 불러일으키기도 했다. 지속가능성 경영 정보 공시에 관심이 있는 자본시장 참여자들은 복잡하고, 비교 불가능하며, 정확성과 신뢰성이 낮은 ESG 정보에 대해 회의감을 갖게 되었다. 특히, 투자자들은 공시된 ESG 정보와 재무제표가 서로 호환되는 비교 가능한 공시기준을 필요로 했다. 이들은 공신력 있는 국제기구에 의해 제정된 통일되고, 비교 가능하며, 신뢰할 수 있고, 재무정보와 통합적으로 이해 가능한 글로벌 지속가능성 경영 정보 공시기준 제정을 요구했다.

국제회계기준(International Financial Reporting Standards, IFRS) 재단은 TCFD, GRI, SASB, 국제통합보고위원회(The International Integrated Reporting Committee, IIRC) 등 다수의 지속가능성 기준 제정 전문기구들과 단일 기준을 제정하기 위한 다자간 조율과 논의를 시작했다. 이 과정에서 국제증권감독기구(International Organization of Securities Commissions, IOSCO)와 세계경제포럼(The World Economic Forum, WEF)이 적극적으로 이 논의를 지지했다. G7을 비롯한 국제통화기금, 세계은행그룹, 경제협력개발기구(OECD) 등이 IFRS 재단이 주도하는 지속가능성 경영 정보 공시 표준 제정에 동의했다(한국공인회계사회, 2022).

2020년 이후 지속가능성 공시 지침을 제공하는 주요 기구 간 일련의 합병이 이루어지고, 동시에 IFRS가 국제지속가능성기준위원회(International Sustainability Standards Board, ISSB)를 설립했다. 2021년 6월 SASB와 IIRC가 통합하여 가치보고재단(Value Reporting Foundation, VRF)을 만들고, 2022년 1월 기후정보공개표준위원회(Climate Disclosure Standards Board, CDSB)와 합병한 ISSB는 VRF를 인수했다. 2022년 3월 ISSB와 GRI는 ESG 공시기준 통합을 위한 양해각서를 상호교환하고, ISSB가 2022년 3월 31일 발표한 지속가능성 공시기준(SDS) 초안에 TCFD의 공시 체계를 전면적으로 적용함으로써 글로벌 ESG 공시 표준화가 ISSB를 중심으로 추진될 예정이다.

IFRS는 재단 이사회 산하에 ISSB 설립 후, 네 가지 방향을 천명했다. 첫째, 지속가능성 경영 정보 공시기준을 다양한 이해관계자 중심이 아닌 '투자자 중심'의 정보로 제공한다. 둘째, 지속가능성 경영 정보의 주제를 환경 및 기후에 집중하되, 이들 중 기후 문제에 더욱 초점을 맞추며, 환경 외 사회와 지배구조에 대한 공시기준 개발은 후 순위로 한다. 셋째, IFRS가 제정하는 지속가능성 경영 정보 공시기준을 국제 기준선(Global Baseline) 접근법에 따라 최소한의 공시기준으로 정한다. 넷째, ISSB의 지속가능성 경영 정보 공시기준은 기존의 이니셔티브들과 호환성을 높이고, 기존 공시 프레임워크를 적극 사용한다. 또한 IFRS 재단 이사회는 국제회계기준위원회(International Accounting Standards Board, IASB)와 국제지속가능성기준위원회(ISSB)를 산하에 둠으로써 두 위원회가 동등한 위치에서 재무 정보와 비재무 정보 간의 통합적 공시 기준사항을 마련하여 상호

보완적인 보고 절차를 만들도록 했다.

2023년 6월 26일 ISSB는 지속가능성 경영 정보 공시의 표준을 제시하는 첫 번째 공시기준을 확정 발표했다. ISSB 기준을 국가 표준 지속가능성 경영 정보 공시기준으로 선택하는 것은 각 국가가 결정할 사안으로 남겨두었다. 구체적으로, ISSB는 기업이 지속가능성경영보고서에 ESG 관련 정보를 공시할 때, 두 가지 기준을 따르도록 했다. 첫째, ISSB 공시기준 S1은 지속가능성 관련 재무 정보공시를 위한 일반요구사항(General Requirement for Disclosure of Sustainability-related Financial Information)을 명시해야 한다. 둘째, ISSB 공시기준 S2는 공시 대상기업의 기후 관련 재무 정보공시(Climate-related Disclosure)만 집중적으로 제시한다. S1은 기업이 자사의 미래 로드맵을 단기, 중기, 장기로 구분하고, 해당 시기에 경험할 여지가 있는 지속가능성 관련 위험과 기회에 대한 정보를 투자자가 유용하게 사용할 수 있도록 제공한다. S2는 다양한 주제 중, 기후 관련 정보만 공시함으로써 기후변화가 해당 기업에 미치는 구체적인 사안을 공개한다. 이 공시기준은 2024년 1월 1일부터 적용되고, 2025년 해당 공시 첫 공개가 이루어질 예정이다. 예외 사항으로 기업의 공시 부담을 덜어주기 위해 S1 공시와 스코프 3에 대한 탄소배출량 공시 의무는 1년간 유예된다(ESG경제, 2023.7.18). ISSB는 ESG 정보 공시와 함께 재무제표 동시 공시 원칙을 강조했다. 또한 동시 공개를 공시 첫 해에 한해서만 1년 유예하는 것으로 발표했다. ISSB는 기업의 기후위기에 관한 정보 공시의 의미있는 "공통된 언어"(common language)를 제시했다고 밝혔다(BusinessGreen, 2023.6.26).

참고문헌

한국공인회계사회 (2022). ESG, 한 권에 담았다. 서울: 경성문화사.

BusinessGreen (2023.6.26). ISSB unveils 'common language' globall standards for climate risk reporting. Retrieved 8/21/2023 from https://www.businessgreen.com/news/4118796/issb-unveils-common-language-global-standards-climate-risk-reporting

ESG경제 (2023.7.16). ESG공시 의무화, 핵심은 '사업보고서'와 통합...회계업계가 박수치는 이유. Retrieved 8/22/2023 from http://www.esgeconomy.com/news/articleView.html?idxno=4128

ESG경제 (2023.7.18). ESG공시 표준화, ISSB 공시기준 S1S2 확정 발표..'25년 첫 공시. Retrieved 8/22/2023 from http://www.esgeconomy.com/news/articleView.html?idxno=3978

SASB 이행입문서 (2020). Retrieved 8/22/2023 from https://sasb.org/implementation-primer

TCFD 2021 Status Report (2021). Retrieved 8/22/2023 from https://www.fsb.org/wp-content/uploads/P141021-1.pdf

제4장

지속가능성 경영 정보 평가

1. 지속가능성 경영 정보 평가 주체

세계 각국은 재무 성장 중심 경영에서 지속가능한 성장 중심 경영으로 기업 경영 트렌드가 변화함에 따라 지속가능성 관련, 특히 ESG 관련 규제 및 공시 규정을 마련하고 있다. 이런 기조 때문에 기업은 지속가능성 경영 정보 공시를 일종의 정부 규제나 기업공개(Initial Public Offering, IPO)에 필요한 거래소 의무사항으로 인식하는 경향이 있다. 한마디로 기업은 지속가능성 경영 정보 고시를 경영 부담으로 생각한다는 뜻이다. 더욱이 지속가능성 경영 정보 공시는 심의 및 평가과정 때문에 기업은 자사 지속가능성 경영 정보를 누가, 무엇을 대상으로, 어떻게 평가하는지 관심이 높다. 그 이유는 지속가능성 경영 정보 공시 평가가 자본조달, 규제대응, 브랜드자산 제고에 직접적인 영향을 미치기 때문이다.

자본시장 내에는 지속가능성 경영 정보 공시와 연관된 주체들이 있다. 첫째, 지속가능성 규범 및 가이드라인 수립 기구다. UN Global Compact, UN SDGs, ISO 등이 이에 속한다. 둘째, 지속가능성 공시기준 제정기구다. GRI, SASB, TCFD 등이 지속가능성 경영 정보 공시 절차를 만들고, 영역별 표준화된 측정지표를 제시한다. 셋째, 지속가능성 기반의 자본 배분, 공시, 기업활동 등에 적용되는 정책, 규칙, 시행지침 등을 만드는 규제 및 감독 당국이다. 각국 증권거래소, 금융감독기구, 정부 부처 등이 포함된다. 넷째, 지속가능성 경영 정보를 바탕으로 각 기업에 자본을 투자하는 자산운용사, 금융기관, 연기금 등 주주들이 있다. 이들 기관과 투자자들은 기업의 공시된 지속가능성 경영 정보를 분석하고, 어떤 기업이 자산시장에서 지속가능성 관련 대응 체계를 잘 갖추고 있는지 알고 싶어 한다. 또한 어떤 기업이 기후변화, 사회적 이슈, 기업 지배구조에 대해 어느 정도 수준까지 도달해 있는지 파악할 수 있는 인증된 평가를 원한다. 마지막으로 지속가능성 경영 정보 평가기관은 기업의 지속가능성 경영 수준을 지표로 제시하고, 지속가능성 경영 정보를 등급별로 구분하여 기업 간 비교 가능한 서비스를 제공한다.

기업의 지속가능성 경영 정보 평가기관은 크게 두 부류로 나눌 수 있다(한국공인회계사회, 2022). 'ESG 데이터 제공 기관'(ESG Data Product Providers)과 'ESG 평가기관'(ESG Rating Providers)이다. ESG 데이터 제공 기관은 주로 기업의 환경, 사회, 지배구조 영역 내 세부 항목 또는 관련 데이터를 수집 및 가공하여 ESG 평가기관이나 자본시장 투자자에게 공급한다. ESG 평가기관은 자체 혹은 외부로부터 수집한 기업의 ESG 데이터를 분석·평가하여 자사가 구성한 기준에 맞게 등급이나 순위를 부여한다.

한국공인회계사회(2022)는 국내·외 ESG 평가를 "자본시장 ESG 평가"와 "고객사 ESG 평가"로 구분한다. 자본시장 ESG 평가는 자본을 조달하는 자산운용사, 금융기관, 주주, 채권자 등이 투자 대상 기업의 공시된 지속가능성 경영 정보를 파악하려고 할 때 참고하는 평가다. 이 평가자료들은 대상 기업의 주식, 회사채, 펀드 투자 평가 시 혹은 대상 기업 직접 투자 여부를 결정할 때 참고하는 평가자료로 사용된다. 기업들은 자본조달 측면에서 영향을 받을 수 있어 이 평가를 매우 중요하게 생각한다. 대표적인 외국계 자본시장 ESG 평가기관은 MSCI(Morgan Stanley Capital Investment) ESG Rating,[1] Sustainalitics ESG Risk Rating,[2] ISS ESG,[3] Bloomburg ESG Score,[4] RobecoSAM,[5] Glass Lewis ESG[6]가 있다. 국내 자본시장 ESG 평가기관은 KCGS ESG 평가,[7] 서스틴베스트(Sustinvest) ESG 평

1 약 14,000개 글로벌 기업의 ESG 데이터를 35개 ESG 주요 이슈 및 쟁점을 근거로 평가 대상 기업의 지속가능성경영에 대한 위험과 기회의 영향을 평가한다. MSCI ESG Research LLC에서 수행한다.

2 전 세계 약 13,000개 기업의 ESG 데이터를 미국 금융서비스 제공 기업인 모닝스타 소속 서스테이널리틱스에서 평가한다.

3 세계 최대 의결권 자문회사 ISS(Institutional Shareholder Services)는 전 세계 약 11,800개 기업의 ESG 정보를 평가하고 등급을 제시한다.

4 글로벌 금융정보 제공 기업 블룸버그가 70개국 약 9,000개 이상 기업의 ESG 정보를 평가한다.

5 2019년 11월 S&P Global이 RobecoSAM을 인수했다. RobecoSAM은 ESG 공시, 이사회 구성, 기후변화대응, 성평등 지수를 측정하고, 기업의 지속가능성 중심의 재무성과를 발표한다.

6 세계 2위 의결권 자문사 Glass Lewis의 ESG 평가

7 한국 ESG기준원에서 매년 실시하는 ESG 평가로, 국내 약 900개 상장사와 비상장 주요 금융기관을 평가한다.

가[8]가 있다. ESG 평가기관들은 분석 대상 기업이 자본시장에서 어느 수준의 지속가능성 경영을 하고 있는지 정량적으로 때로는 정성적으로 분석 결과와 평가내용을 제공한다.

고객사 ESG 평가는 고객사가 공급망에 있는 협력사의 ESG 상황을 알고 싶을 때 참고하는 평가를 말한다. 예를 들어, 완제품 제조 기업이 자신에게 소재나 장비를 납품하는 하청업체의 ESG 상황을 잘 이해하고 파악해야 전체적으로 자사의 지속가능성 경영 정보를 관리할 수 있다. Scope 2나 Scope 3의 경우, 자사 공급망에 연계된 자회사, 협력사, 그리고 물품을 운송하거나 배달할 때, 더 나아가 아웃소싱으로 계약한 하청업체의 제품 폐기 시 발생하는 탄소배출량까지 측정해야 한다. 이때 원청에 해당되는 고객사는 공급망 내 모든 협력업체의 지속가능성 경영 정보에 대한 고객사 ESG 평가를 통해 협력사의 노동환경, 불공정거래, 환경파괴, 인권보호 수준을 파악할 수 있다. 대표적인 해외 고객사 ESG 평가기관은 RBA,[9] EcoVadis,[10] Know the Chain,[11] PSCI[12] 등이 있다.

최근 지속가능성 경영 정보 평가기관들은 각국의 기업 ESG 정

8 국내 민간 의결권 자문회사(서스틴베스트)가 자체 평가 프로그램인 ESG Value를 이용해서 매년 기업 ESG 정보를 평가한다.

9 RBA(Responsible Business Alliance)는 전기 및 전자 업종 공급망 지속가능성 이니셔티브로서 RBA 회원사 및 협력사의 노동, 윤리, 건강, 안전, 환경, 경영시스템 부문과 43개 규정을 중심으로 자가 설문 평가와 현장 감사를 통해 협력사 ESG 상황을 평가한다.

10 유럽 중심의 지속가능성 평가기구로서 환경, 노동, 공정거래, 공급망 관리 4영역 평가

11 글로벌 기업 공급망의 인권 및 노동환경을 평가하는 기관

12 PSCI(Pharmaceutical Supply Chain Initiative)는 글로벌 제약회사 공급망 지속가능성 평가관리 이니셔티브

보 공시 계획에 따라 ESG 정보 평가 시장을 선점하기 위해 각축전을 벌이고 있다. 주로, 회계법인, 로펌, 경영컨설팅, 신용평가사들이 2025년부터 개시하는 ESG 공시 및 인증을 대비하여 경쟁하고 있다. 이 중에서 특히 회계법인들이 ESG 평가 시장경쟁에서 우위에 설 전망이다. IFRS 주도로 ISSB가 전체 지속가능성 경영 정보 공시 관련 기관들을 통합하면서 지속가능성 경영 정보 평가에 대한 회계사의 위상이 상대적으로 더 높아질 것으로 예상된다. 2030년 이후, 전체 상장사의 ESG 공시 의무가 발효되면 기업의 ESG 성과에 대한 제3자 평가는 불가피하게 된다. 공인된 평가기관으로부터 검증받지 않은 지속가능성경영보고서는 마치 회계 감사를 받지 않은 사업보고서 제출과 동일하게 간주될 것이다(뉴시스, 2023.7.22).

ESG 정보 평가에 대해 부정적인 내용도 있다. ESG 데이터 제공기관의 데이터 신뢰성, ESG 평가기관의 기관 공신력, 평가 등급, 분석 과정, 결과공표에 대한 전문성, 윤리성, 투명성 영역에서 문제가 될 소지가 있다. 아직 완비되지 못한 지속가능성 경영 정보 평가체계와 관행은 다양한 측면에서 합의되지 않은 부분이 있다. 한 예로, 테슬라의 ESG 등급의 경우 MSCI는 최상위로 평가했지만, Sustainalitics는 중간등급을 부여하고, FTSE는 최하위로 평가했다(머니투데이, 2022.2.3). 여전히 평가 기준과 가중치 등은 평가기관마다 천차만별이다. 이른바 그린워싱(Greenwashing)이라고 불리는 친환경 위장 기업들의 과도한 ESG 마케팅이 늘고 있다는 현실에 비춰볼 때, 평가 공신력 부분은 끊임없는 수정과 개선이 요구될 것이다. 만약, 그린워싱의 빈도와 심각성 수준이 사회적 한계를 넘게 되고, 기존 평가체계에 대한 과학적 접근과 효용성에 대한 의심이 높아지면, 글로벌 지속가능성을 추구하려는 동력은 크게 떨어질 것이다.

국제증권감독기구(International Organization of Securities Commissions, IOSCO)는 ESG 데이터 제공업체들의 영향력이 커짐에도 불구하고 제대로 규제받고 있지 않으며, 방법론적 투명성도 확보되지 않아, 잠재적인 이해 상충의 여지가 있다고 밝혔다. 국제증권감독기구의 「ESG Ratings and Data Products Providers Consultation Report」에 의하면, 세계 자산운용사들과 자본시장 참여자들이 ESG 펀드 투자나 ESG 관련 정보 이용 시, 160여 곳의 평가기관에 의존하고 있다고 밝혔다. 그러나 이들이 제시하는 평가 방식이나 절차에 대한 투명성, 그리고 등급 산출 근거 등에 대해 유의미한 정보는 제공받지 못하고 있다고 불만을 토로했다. 사실 ESG 시장은 정부 당국의 법적 규제뿐만 아니라 잠정적이거나 암묵적인 규율조차 부재하기 때문에 ESG 정보 이용자들은 ESG 데이터 제공업자와 평가기관이 제시한 결과에만 일방적으로 의존해야 한다. 구체적으로 ESG 데이터나 평가방법의 투명성 부족뿐만 아니라 데이터 제공자와 컨설팅 서비스 업체 간의 담합, ESG 평가 대상 회사와 정보 이용자 간의 커뮤니케이션 부족, 평가등급에 대한 검증 방법 부재 등은 신속히 개선되어야 할 사항이다. 자본시장 참여 주체들이 지속가능성 경영 평가에 대해 절대적으로 평가기관에만 의존하는 것은 바람직하지 않다. 기업과 관련된 이해관계자들이 전적으로 동의하고, 수긍할 수 있는 완벽한 평가체계는 있을 수 없기에 ESG 평가와 평가기관에 대한 공신력 논쟁은 더욱 커질 전망이다. 결국 문제를 해결할 방법은 제3자 인증에 대한 이해관계자 간 상호 확증 방식 합의 도출 여부에 달려 있다.

2. 지속가능성 경영 정보 평가 내용

기업의 지속가능성 경영 정보 평가는 ESG 영역별 '항목에 대한 검증 대상 선정', '정보수집 방식 결정', '지표 관리 및 등급 부여' 등에 관한 업무다. 다만, ESG 평가기관별로 영역별 평가항목은 다르다. 그 이유는 ESG 평가기관의 설립 과정과 성장 역사가 다르기 때문이다. 평가기관들은 대부분 초기에 기관이 위치한 지역, 국가, 유관 산업과 관계된 투자자들을 대상으로 지속가능성 경영 정보 제공 사업을 시작했으나 여러 차례 평가기관 간 인수합병을 통해 글로벌 수준의 ESG 정보 제공자로 성장했다. 또한 평가기관의 정체성 (영리 혹은 비영리 기구), 평가기관 CEO의 회사 설립 동기, 인수합병 과정에서 업무 변경 등 다양한 이유에 의해 ESG 평가기관이 관리하는 ESG 영역별 평가항목, 방법, 공개 수준이 통일되어 있지 않다.

그러나 대부분 평가기관은 SASB, ISO26000, OECD, IOSCO 등 국제기구의 ESG 평가 요구사항을 고려하기 때문에 영역별 평가항목이 완전히 다르거나 측정범위 및 방식에서 두드러진 차이를 나타내지는 않는다. 예를 들어, '환경'(E) 영역에서, 환경경영 체계, 기후변화 위험 및 기회 관리, 운영상의 환경영향 및 환경 효율성, 비즈니스 기회, '사회'(S) 영역에서 기본권 존중, 산업안전 및 보건, 인적 자본 개발, 가치사슬 관리, 정보보호 및 사이버 보안, 제품 안전 및 고객 관계 관리, 지역사회 참여 및 개발, 비즈니스 기회, '지배구조'(G) 영역에서 주주가치 제고, 이사회 구성, 이사회 운영, 경영진 보상체계, 투명공시, 기업 윤리 등은 기본적으로 포함된다.

ESG 평가기관은 대체로 글로벌 가이드라인, ESG 관련 정부 규제,

자본시장의 요구사항에 따라 기업의 지속가능성 경영 내용을 평가한다. 기업이 ESG 평가기관의 평가에 대응해야 할 공통부분이 있다. 이 공통된 내용을 중심으로 ESG 평가기관의 평가영역과 내용을 살펴보면 다음과 같다.

ESG 평가기관은 환경 영역에서 기업이 관리해야 하는 가장 기본적인 부분인 환경경영 추진 주체 설정 여부를 확인한다. 기업의 환경경영 추진, 관리, 감독, 보고 관련 조직 체계 설정, 경영 전략 및 목표 설정, 성과관리 시스템, 환경경영 인증 획득 등이 제대로 진행되고 있는지 평가한다. 둘째, 기후변화에 대한 기업의 위험 및 기회 관리 체계를 평가한다. 최근 기업들이 TCFD 권고에 따라 기후변화가 기업의 재무영역에 어떤 영향을 미치는지 단기, 중기, 장기적으로 계상하게 되어 있다. ESG 평가기관은 기후변화가 기업의 매출액, 영업이익, 자본조달 등 재무상태에 미치는 영향에 대한 기업의 대응 상태를 평가한다. 또한 기업이 환경경영을 하는 과정에서 포착될 수 있는 성장기회, 저탄소경제 시장 확보 여부, 친환경투자 혜택 등을 파악한다. 셋째, 기업의 실제 행위로 인해 나타나는 환경영향 결과를 평가한다. 기업이 제품을 생산, 저장, 유통, 폐기하는 과정에서 발생하는 환경파괴가 상당하다. ESG 평가기관은 기업의 용수 사용량, 폐기물 처리량, 수질 및 대기오염물질 배출 관리, 환경법규 위반 횟수 등을 평가한다.

사회 영역의 경우, ESG 평가기관은 첫째, 기업의 내부 이해관계자에 대한 기본권 확보 여부를 평가한다. 직원, 협력업체, 하청업체, 소비자, 지역사회 구성원 등에 대한 인권과 사회적 책임에 대한 규범 준수를 평가한다. 인권보호에 대한 규범은 주로 국제노동기구 협약사항, 유엔인권지침, 정부의 인권 관련 규제 조항을 의미한다. 둘째, 평가기관은 노동환경에 대한 보건 및 안전 대책 마련 여부를 평가한다. 작업현장에서 발생하는 산업재해 예방을 위한 관리책임, 관리수준, 관리방법을 평가하고, 중대재해 발생으로 인한 위험관리 수준 고도화 목표 수립 여부를 확인하여 재해율 통제가 어떻게 이루어지는지 평가한다. 셋째, 평가기관은 종업원에 대한 인적 관리와 공급망 안에 속해 있는 협력사의 ESG 규범 준수에 대한 관리내용을 실사한다. 임직원 성과관리, 보수체계, 처우개선은 종업원 인권보호, 교육제공, 권리보장 등과 직결되는 문제이면서 동시에 기업의 내실을 쌓는 부분이다. 내부 인적 자원에 대한 투자와 협력사에 대한 ESG 규범 점검 체계 존재 여부는 기업의 사회적 책임에서 진정성 수준을 드러내는 부분이기 때문에 ESG 평가기관은 이 부분을 면밀히 평가한다. 넷째, 평가기관은 고객관리와 소비자 보호를 위한 기업의 정보보호 및 사이버 보안 관리 체계를 평가한다. 디지털화된 기업 업무는 개인정보 및 기업정보 노출을 쉽게 만들었고, 해킹이나 사이버 공격 등에 취약함을 보였다. ESG 평가기관은 자사뿐만 아니라 협력사까지 정보보호 책임에 대한 규정, 책임자 설정, 사이버 사고 발생 시 대응 지침 존재 여부를 점검하고, 해당 관리책임이 기업의 어느 수준에서 결정되는지 평가한다. 다섯째, ESG 평가기관은 기업의 사회적 책임에서 가장 두드러지게 나타나는 지역사회 참여 및 발전 부분을 평가한다. 이 부분은 전통적으로 기업들이 사회공헌 차원에서 많이 진행한 사업이다. 평가기관은 기업이 지역사회와 분쟁 연루 여부, 현지 인력 채용 수준, 취약계층이나 사회적 약자에 대한 지원 등을 평가한다. 일부 ESG 평가기관은 사회공헌 영역을 포함하지 않지만, 다수의 ESG 평가기관은 기업의 사회공헌활동을 중요하게 생각한다. 다만, 기업의 단순한 자선활동 횟수에 초점을 맞추지 않고 기업의 인적 및 물적 자원이 사회문제를 얼마나 현실적으로 해결했는지 사회적 효과성 관리와 전략적 프로그램 이행 체계를 평가한다.

지배구조의 경우, ESG 평가기관은 첫째, 주주가치 제고 관련 성과를 평가한다. 예를 들어, 소액주주 권리 보호, 의결권 행사 편의성 제공, 주주 배당 정책 여부를 평가한다. 둘째, 경영 이사회에 대한 구성 세부사항, 이사회 운영 내용 공개, 경영진 보상체계를 점검하고, 투명한 공시가 이루어지는지 평가한다. 셋째, 기업 윤리경영 체계를 평가한다. 평가기관은 기업이 자체 준법 감시 규정에 따라 부정, 부패, 부조리를 관리하는 조직 및 시스템 운영 여부, 윤리경영 위반 발생 시 대 이해관계자, 대 언론, 대 정부 대응 체계 운영 여부, 윤리경영 보고 체계 운영 및 임직원 대상 윤리 교육 프로그램 운영 여부, 윤리 위반 이슈 미디어 노출 횟수 등을 평가한다.

ESG 평가기관은 위에서 언급한 항목들을 평가하고 평가기관마다 보유한 영역별 공식과 가중치를 계산하여 기업의 지속가능성 수준을 등급별로 공개한다. ESG 평가기관은 이런 데이터를 비즈니스의 근거로 사용하고, 기업 평가뿐만 아니라 기업 경영 컨설팅, 문제 솔루션 제공, 데이터 제공, 투자자의 기업가치 결정 이해를 돕는다. ESG 평가기관의 대표적인 사업 분야를 소개하면, MSCI의 경우, 조사분석, 기후 관련 투자, ESG 투자, 섹터 투자, 지수, 부동산 투자에 집중한다. Sustainalitics는 주로 투자자 대상 ESG 솔루션 및 기업 대상 ESG 솔루션을 제공한다. ISS는 거버넌스 솔루션, ESG 시장정보, 거래비용분석, 펀드 서비스, 집단소송 서비스, 미디어 솔루션을 제공한다. CDP는 비영리기관으로서 오직 환경 관련된 지속가능성 평가 업무만 수행한다. 예를 들어, 환경정보공개시스템 운영, 환경평가, 정보제공, 환경운동 등이 이에 속한다.

3. 지속가능성 경영 정보 평가 등급 및 인증

ESG 평가기관은 평가의뢰 기업과 계약을 체결하고 대상 기업에 대한 ESG 평가를 실시한다. 평가기관은 평가의뢰 기업의 지속가능성을 분석하기 위해 기초데이터를 수집한다. 기업 관련 기초데이터는 기업공시자료(사업보고서, 지속가능성경영보고서, 기업지배구조보고서 등), 기업 공식 홈페이지, 뉴스 등 미디어 자료, 감독기구나 지자체 등 공시자료가 포함된다. ESG 평가기관마다 평가방법이 다르지만 대부분 수집된 기초데이터를 검증하고, ESG 위험 및 기회 관리 시스템을 분석한다. 평가기관은 기업과 연관된 환경, 사회, 지배구조 영역별 대분류 및 핵심 평가항목을 체크한다. 예를 들어, 한국 ESG기준원의 경우, 환경 영역의 '운영 및 성과' 부분에서 기후변화, 자원순환, 물/토양/생물다양성, 오염물질/화학물질, 친환경공급망, 친환경 제품 및 서비스를 중분류 지표로 삼아 구체적으로 평가한다. 사회 영역의 경우, '공정운영 관행'은 공정운영 거버넌스, 공정운영 위험관리, 동반성장 기반확립, 공급망 위험관리 사항을 중분류로 구성하여 평가한다. 지배구조 영역의 '이사회 리더십'의 경우, 이사회 독립성, 이사회 다양성 및 전문성, 이사회 운영, 이사회 내 위원회, 이사 보수를 평가한다. 영역별 세부 요소 점검 시, 323개 핵심 평가항목을 설정하고, 항목별 배점과 가중치를 부여한다. 특히 기업의 지속가능성 관련 심화 평가과정에서 기업가치를 훼손할 우려가 있는 ESG 이슈 법 위반 여부, 중대성 분석 결과, 기업 규모, 평가 기간 등을 종합적으로 고려하여 감점 수준을 결정한다(한국 ESG기준원, 2023).

ESG 평가기관은 지속가능성 관련 경영 정보 평가 수행 이후 평가의뢰 기업이 참여한 상태에서 ESG 평가 피드백을 실시한다. 기업 피드백 과정에서 입력된 사전 데이터 중 잘못된 부분을 개선하고, 미확인 자료를 추가로 반영한다. 최종 데이터 수정 후, 기본 및 심화 평가 과정에 대한 기업의 최종 의견을 청취한다. ESG 평가기관은 대내외 전문가로 구성된 ESG 등급위원회에서 등급을 부여한다. 평가기관마다 부여하는 등급 표기 방식이 다르다. 예를 들어, 한국 ESG기준원은 S, A+, A, B+, B, C, D를 부여한다. 서스틴베스트는 AA, A, BB, B, C, D, E를 부여한다. Moody's는 Advanced(60점 이상), Robust(50~59점), Limited(30~49점), Weak(29점이하)를 부여한다. MSCI는 AAA, AA, A, BBB, BB, B, CCC를 부여한다. S&P는 100~0올 부여한다.

국내 기업의 지속가능성 공시 인증 비율은 93%로 미국(71%), 영국(55%), 일본(47%)보다 높다. 그러나 국내 기업은 신뢰성이 높은 인증 기관보다 낮은 기관을 선택하는 경향이 있다(ESG경제, 2023.5.23). 이는 두 가지 이유 때문이다. 첫째, 인증 비용을 절약하기 위해 국제적으로 공인된 인증기관이나 회계법인이 아닌 수준이 낮은 인증기관을 선정하는 경향이 있다. 둘째, 국내 기업의 ESG 공시 목적이 기업의 지속가능성 경영 정보 전달에 있는 것이 아니라 기업홍보나 평판 관리 측면이 강하고, 규제 회피의 목적이 있기 때문이다(정준희,

2023.5.23). 국내 기업의 지속가능성경영보고서 평가 및 인증에 대한 예산 투입 의지나 진정성이 부족하다고 볼 수 있다.

ESG 평가주체, 평가방법, 평가항목, 등급 기준이 난립한 상황에서 무차별적인 평가인증이 이루어지고 있다. 결국, 기업의 지속가능성 경영 정보 평가의 핵심은 평가내용에 대한 제3자 인증 신뢰성에 달려 있다. 지속가능성경영보고서에 사용되는 인증 기준은 영국의 어카운터빌리티(AccountAbility)사의 AA1000AS와 국제감사인증기준위원회에서 제정한 ISAE 3000이 있다(한국공인회계사회, 2022). 이 중 AA1000AS 인증의 경우, 국내에서 발행된 지속가능성경영보고서의 80% 이상에서 사후 검증 기준으로 사용했다(한국공인회계사회, 2022). 2021년 1월 1일 기존의 AA1000AS 2008이 개정되어 현재 AA1000AS v3가 인증 표준으로 공표되었다.

인증 의뢰 기업에 대한 어카운터빌리티사의 지속가능성 경영 정보 검증과정은 다음과 같다. 인증 기관은 의뢰 기업이 자사의 지속가능성경영보고서에 대한 AA1000AS v3의 적용을 수락하면 인증 작업의 범위와 전제조건을 결정하고 검증을 실시한다. 최종적으로 검증의견서를 발행하면 인증과정은 종료된다. 인증과정 중, 중요하게 고려되는 사항은 다음과 같다. 첫째, '전제조건'이 매우 중요하다. 인증을 위한 계약 이전에 반드시 검증기관은 기업의 보고 조직이나 이해당사자가 충실성, 독립성, 객관성, 공정성을 갖춘 검증의견서 작성을 방해하지 않도록 자체적인 독립성 및 공정성 역량 평가를 실시해야 한다. 인증기관은 모든 측면에서 검증을 수행하기 위한 필수적인 역량을 갖춘 경우에만 검증을 수락해야 정당성을 갖는다. 인증기관과 보고 조직 간의 업무 계약 조건은 검증 착수 이전에

문서로 합의되어야 한다. 둘째, '검증 수행 과정'은 계획 수립과 검증 이행으로 나뉜다. 계획 수립은 검증목적, 산출물, 검증에 적용될 검증표준, 역할, 책임 및 관계, 역량, 검증의 범위, 적용기준, 검증의 유형 및 수준, 검증 전략, 과업 및 활동을 제시한다. 검증이행은 정당한 주의의무, 제약사항, 지속가능성 성과 정보 평가를 포함한다. 즉 검증기관은 계획수립과 검증이행을 통해 검증의견서 사용자의 중요한 요구, 검증 프로세스의 목적과 범위, 그리고 수립된 기준에 따라 항상 정당한 주의의무를 기울였음을 명확히 입증해야 한다. 검증기관은 AA1000AP 2018의 기준을 적용하여 보고 조직의 AA1000 Accountability 원칙 준수에서 발견된 사항을 평가해야 한다. 셋째, 검증의견서 발행은 AA1000AS v3을 충족하는 검증 정보(검증의견서 예상 사용자, 보고 조직과 검증기관의 책임, AA1000AS v3 및 기타 검증표준 적용 내용, 수행한 검증 범위, 주제, 유형, 수준에 대한 설명, 적용기준 및 검증에 사용된 공시자료에 대한 설명과 정보 소스 공개, 인증 방법론, 제약사항 및 개선을 위한 접근법, 검증기관의 독립성과 역량에 대한 정보, 검증기관의 이름, 발행일과 장소)를 제시해야 한다(AccoutAbility, 2023).

참고문헌

뉴시스 (2023.7.22). 커지는 ESG 공시 시장... 인증은 누가 맡을까? Retrieved 9/9/2023 from https://newsis.com/view/?id=NISX20230721_0002385964&cID=10403&pID=15000

머니투데이 (2022.2.3). ESG '열풍(熱風)'과 공모주 '광풍(狂風)', Retrieved 9/9/2023 from https://news.mt.co.kr/mtview.php?no=2022012809097821091

정준희 (2023.5.23). ESG 공시와 평가의 나아갈 방향, 2023 ESG Global Standard Conference, Retrieved 8/30/2023 from https://www.esgstandard.kr/KR

한국공인회계사회 (2022). ESG, 한 권에 담았다. 서울: 경성문화사.

한국 ESG기준원 (2023). ESG 평가 안내, Retrieved 8/10/2023 from https://www.cgs.or.kr/business/esg_tab01.jsp

ESG경제 (2023.5.23). 국내 기업 ESG 공시 인증엔 열심...신뢰도는 낮아, Retrieved 9/15/2023 from http://www.esgeconomy.com/news/articleView.html?idxno=3651

AccountAbility (2023). AA1000 검증표준 v3, Retrieved 8/10/2023 from https://www.accountability.org/standards/aa1000-accountability-principles/

2부

국내 미디어 산업 생태계와 지속가능성 경영

제5장

미디어 기업환경 이해

국내 미디어 기업의 지속가능성 경영을 이해하려면 미디어 기업의 비즈니스 활동무대인 미디어 생태계(시장, 기업, 정책, 소비자)를 제대로 학습하는 것이 중요하다. 첫째, 국내 미디어 생태계의 구조와 규모 그리고 자본의 이동 경로에 대한 시장의 이해가 필요하다. 둘째, 시장의 주요 행위자인 미디어 기업 중 시장지배적 사업자를 파악해야 한다. 셋째, 미디어 시장의 규율과 법·제도의 기반이 되는 정부의 미디어 정책을 이해해야 한다. 넷째, 미디어 생태계에서 생산하는 모든 콘텐츠와 서비스를 이용하는 소비자의 특성을 파악해야 한다.

1. 시장 특성: 협소한 시장과 과도한 경쟁상태

국내 미디어 산업은 매체, 시장, 기술 등에 따라 여러 분야로 구분할 수 있다. 미디어 산업은 신문, 잡지, 방송, 인터넷, OTT, AI 등 등장 매체별로 구분할 수 있고, 매체가 담고 있는 콘텐츠 유형에 따라 언론, 광고, 콘텐츠, 데이터 등으로 나누기도 한다. 어떤 기준으로 구분하든 간에 국내 미디어 산업은 미국, 일본, 유럽, 중국의 미디어 산업과 비교했을 때, 미디어 기업의 규모와 수, 그리고 매출액 측면에서 작은 편이다. 또한 타 산업, 예를 들어 반도체, 이차전지, 자동차, 조선, 건설과 같은 제조·건설업이나 은행, 식품, 유통과 같은 서비스업과 비교했을 때도 상대적으로 규모가 작은 시장이다. 국내 방송시장을 기준으로 미디어 시장 상황을 살펴보면 다음과 같다.

2022년 12월 30일 과학기술정보통신부와 방송통신위원회는 국내 방송산업 현황을 담은 방송산업실태조사 결과를 발표했다. 조사 결과에 의하면, 2021년 기준 국내 방송시장 매출액은 19조 4,016억 원이다. 유료방송 가입자는 3,577만 단자이며, 방송프로그램 제작 및 구매액이 3조 93억 원, 방송산업 종사자 수는 3만 6,592명이다(과학기술정보통신부·방송통신위원회, 2022). 전년 대비 방송산업매출은 7.7% 증가하고, 유료방송 가입자 2.8% 증가, 프로그램 제작 및 구매액이 4.4% 증가했으나 종사자 수는 1.5% 감소한 것으로 나타났다.

2021년 말 기준 방송시장에서 비즈니스를 하는 사업자는 지상파방송(50개), 지상파 DMB(18개), 종합유선방송(90개), 중계유선방송(23개), 위성방송(1개), IPTV(3개), IPTV CP(36개), 방송채널사용사업자(180개: 홈쇼핑 PP 7개, 일반 PP 159개, 데이터홈쇼핑 5개, 데이터PP 9개)를 포함해서 총 401개 기업이다. 전체적으로 보면 지상파, IPTV, 방송채널 사용사업자(Program Provider, PP), 인터넷 멀티미디어 방송 콘텐츠사업자(IPTV CP)의 매출은 증가했으나 나머지 사업자는 감소한 것으로 나타났다. 방송산업만 보면 전년 대비 매출액 규모가 약간 늘어난 것처럼 보이지만, 2020년 코로나 팬데믹 이후 기저효과에 따른 변화로 보인다. 오히려 지난 10년 동안 국내 미디어 시장은 새롭게 등장한 다수 미디어 기업들로 인해 시장경쟁이 더 심화되고, 가입자 수, 광고 매출, 방송 매출 등은 정체되거나 지속해서 하락하는 추세다. 온라인 영역에서 산업의 규모와 매출 및 광고 수익이 늘어나고 있지만 최근 글로벌 경제침체로 인해 온라인 영역마저 낮은 성장률을 보이고 있다.

2018년 하반기 유료방송 가입자 수 및 시장점유율을 보면, SO(CJ헬로, 티브로드, 딜라이브, CMB, 현대HCN, 개별 SO 9개사)가 총 1,386만 단자, 위성이 323만 단자, IPTV가 1,539만 단자를 확보한 상태였다. 2019년 유료방송시장 경쟁상황이 더욱 심해지자 통신기업과 종합유선방송 사업자 간 일련의 인수합병이 성사되었다. 이후, 전체 유료방송시장에서 KT계열(KT스카이라이프+HCN+IPTV, 총 1,268만 단자)이 35.5%, LG 유플러스+헬로비전(총 903만 단자)이 25.3%, SKB+티브로드(총 892만 단자)가 25.0%로 유료방송 시장의 시장점유율 대변화가 나타났다(연합뉴스, 2022.5.18). 가장 큰 특징은 국내 통신 3사가 케이블TV 산업의 대주주가 된 것이다. 2023년 현재 국내 통신 3사는 국내 유료방송시장의 지배적 사업자다.

2022년 하반기 기준, 우리나라 전체 가구의 92.7%가 유료방송 가입자(3,625만 단자)다(방송통신위원회, 2022). 유료방송 가입자 수가 전년 대비 0.67% 증가했다(과학기술정보통신부, 2023). 유료방송 가입자 수 추계 조사 이래 최초 0%대 증가다. 유료방송별 가입자 수 증감을 보면, IPTV의 경우, 1,683만 단자(2019년)에서 2,056 단자(2022년)로 증가, SO의 경우, 1,355만 단자(2019년)에서 1,279만 단자(2022년)로 감소, 위성방송은 321만 단자(2019년)에서 295만 단자(2022년)로 감소했다. 유료방송 가입자 감소 이유는 국내 총인구수 감소, 1인 가구 수 증가, OTT 이용 증가를 원인으로 본다(시사오늘 · 시사ON, 2023.5.18). 국내 총인구수가 지속적으로 감소하고 있기에 근본적으로 TV를 시청하는 가구가 증가할 수 없다. 국내 1인 가구는 2021년 기준, 전체 가구의 33.4%(716만 5,788가구)를 차지한다. 1인 가구의 증가세는 앞으로도 지속될 전망이다. 미국과 마찬가지로 유료방송 시청자들이 유료방송을 끊고 OTT 플랫폼으로 이동하는 코드커팅(cord cutting) 이용자가 점점 증가하고 있다.

이런 점에서 국내 방송시장은 협소한 시장 및 과도한 경쟁상태라고 평가할 수 있다. 국내 방송시장은 전통매체와 신규매체 간 경쟁과 대체가 심화하면서 시장참여자 간 약탈적 경쟁구조가 고착화되었다. 국내 방송시장은 더 이상의 성장을 기대하기 어렵다고 판단한다. 이런 구조적 특성은 필연적으로 미디어 기업의 수익성 악화를 초래하고, 이를 극복하고자 많은 기업들이 과도한 경쟁을 할 가능성이 높다. 그 과정에서 불법, 탈법, 편법이 발생할 여지가 있다.

지속가능성 경영 측면에서 보면, 국내 미디어 시장, 특히 국내 방송시장은 내수시장이 매우 협소하고, 시장에서 경쟁하는 기업들이 너무 많아 기업 수익성이 떨어져 미디어 기업의 ESG 경영 면에서 매우 부실한 상황에 직면할 가능성이 높다. 수익을 잘 내지 못하는 기업일수록 지속가능성 경영을 외면할 가능성이 크기 때문에 국내 미디어 기업의 ESG 실천이 낮은 수준으로 유지될 수 있다.

2. 기업 특성: 빈익빈 부익부

미디어 시장은 기술변화, 자본유입, 소비자 이용패턴 변화 등에 큰 영향을 받는다. 2000년 이후, 전 세계 미디어 시장은 디지털화라는 기술변화, 규제 완화 정책에 따른 대자본의 유입, 그리고 미디어 이용자의 콘텐츠 소비패턴 변화가 미디어 환경과 미래 미디어 산업의 생태계를 바꾸었다고 보아도 과언이 아니다. 미래는 아날로그에서 디지털로 전환된 네트워크 시스템이 AI와 연결되면서 완전히 새로운 국면을 맞이하게 될 것이다. 특히, 챗GPT로 대변되는 생성형 AI의 등장은 인류문명에 신세계를 열 가능성이 있고, 이 상황이 전개되면 미디어 산업 분야의 모습 또한 달라질 것으로 예상된다. 미디어 산업의 성패는 첨단 기술 보유 여부에 달려 있다. 첨단 기술 획득은 막대한 자본의 투입에 의해 가능하다. 국내·외 대자본이 기술뿐만 아니라 콘텐츠 제작, 유통, 배급, IP 소유 및 관리 등에 투자하고 있고, 그 투자액은 점점 늘어가고 있다. OTT 플랫폼과 모바일 네트워크 기기 등장은 전 세계적으로 통용되는 다양한 문화 향유물과 VR, AR, 메타버스라는 새로운 콘텐츠 이용 공간을 제공했다. 자율형 AI 기기가 로봇 역할을 하며 일상의 새로운 경험을 제공하는 판타지를 실현하기 위해서는 대자본의 지속적인 R&D 투자가 필수적이다. 이 상황을 인식하고 미래를 대비하는 플랫폼 기업(빅테크 기업)

들은 새로운 세상을 선점하기 위해 천문학적인 자본을 투자하고 있다. 해외의 경우, 구글, 아마존, 메타(구 페이스북), 넷플릭스 등이 이에 해당하고, 국내의 경우, 네이버, 카카오, 하이브와 같은 기업들이라고 할 수 있다. 이들은 모두 대자본 투자 미디어 기업이다. 언급한 빅테크형 플랫폼 기업들은 자신이 보유한 다양한 플랫폼에서 다양한 콘텐츠를 제작하고 자신이 만든 고유의 프로그램, 콘텐츠, 정보, 서비스, 영상물, 데이터 등을 다양한 성향의 글로벌 소비자들에게 제공하고 있다.

결국 미디어 시장에서 중요한 것은 자본의 힘이다. 자본 여유가 있는 미디어 기업은 초격차 기술을 가진 스타트업 기업, 누구도 흉내낼 수 없는 콘텐츠를 생산하는 제작사, 유명 엔터테이너를 소유한 기획사, 가장 효과적으로 다수의 소비자들에게 접근할 수 있는 유통망을 가진 네트워크 회사를 인수하려 할 것이다. 그런 점에서 미디어 시장은 점점 양극화될 가능성이 높다. 미디어 시장에서 생존할 수 있는 강력한 자본력을 소유한 미디어 기업들은 이익을 남길만한 기업들을 적극적으로 인수하여 미디어 시장에서 지배적 사업자가 되고자 혈투를 벌일 것이다.

국내의 경우 이미 2018년부터 국내 유료방송시장에서 통신기업과 케이블TV 업계 간 인수합병이 있었고, 그 결과 통신 3사가 전체 유료방송시장의 86%를 점유하고 있다(연합뉴스, 2022.5.18). 해외자본도 국내 시장에서 공격적으로 점유율을 늘여가고 있다. 2022년 기준, 전 세계 OTT 시장점유율 46%를 차지한 넷플릭스가 국내 OTT 시장 공략에 심혈을 기울였다. 공정거래위원회가 발표한 국내 유료구독형 OTT 시장점유율(2022년 전반기 1~9월)을 살펴보면, 넷플릭스

(38.2%), 티빙(18.0%), 웨이브(14.3%), 쿠팡플레이(11.8%), 디즈니(5.6%)로 나타났다(TECHWORLD, 2022.12.21). 한마디로 넷플릭스의 독주라고 볼 수 있다. 그 사이 국내 토종 OTT들은 큰 손해를 보고 있다. 2020년부터 2022년 사이 웨이브(WAVVE)는 1,044억, 티빙(TVING)은 1,130억, 왓챠(WATCHA)는 400억의 영업손실을 기록했다(미디어오늘, 2023.7.25). 2023년 2분기(4~5월) OTT 앱월간활성사용자수(MAU)를 보면, 넷플릭스(1,100만), 티빙(514만), 쿠팡플레이(431만), 웨이브(391만) 순으로 국내 OTT 활성사용자수를 모두 합치면 넷플릭스와 비슷할 정도다. 2023년 현재 국내 콘텐츠 시장은 넷플릭스가 독점하는 구조로 형성되었다고 보아도 과언이 아니다. 넷플릭스는 자본의 힘으로 국내 콘텐츠 제작 시장을 지배하고 있다. 국내 콘텐츠 제작 시장은 지상파 3사나 CJ ENM 계열 정도가 제작 여력을 갖추고 있다. 지상파 시청률의 하락과 미디어 광고시장 수익률 저하에 따라 이들의 제작 여력도 줄어들 전망이다. 해외자본에 대한 의존이 높아지면 국내 콘텐츠 제작 산업 기반이 무너지고 그동안 K콘텐츠의 장점이었던 다양성이 훼손될 가능성이 있다.

국내 미디어 기업은 빈익빈 부익부의 양극화된 시장에서 기업이 얼마나 자본으로부터 자유로운가에 따라 그 생존 기간이 달라질 것이다. 이런 점에서 정부의 전폭적인 지원과 규제 완화가 필요하다. 다만, 조건 없는 규제 완화보다는 지속가능성 확보 전략 측면에서 ESG를 활발히 수행하는 미디어 기업에게 제작비 지원, 세액공제, 저금리 정부보증 자금 조달 등의 인센티브를 제공하는 유인책을 사용할 필요가 있다. 국내 미디어 기업을 위해 정부의 미디어 정책 운용의 미를 살려야 할 때다.

3. 정책 특성: 공익주의 vs. 시장주의

정책은 정부가 공공문제를 보다 나은 상황으로 전환하고자 할 때 사용하는 개입 수단이다. 기본적으로 정책의 성격은 당위성, 정치성, 미래지향성, 권력성, 행동지향성을 갖는다. 정책은 당연한 목적을 구현하려는 공적 의도를 갖는다. 정책은 행동 주체가 정부이기에 정치적 성격 또한 지니고 있다. 정책은 현재뿐만 아니라 미래의 문제를 해결하기 위해 실질적 성과를 목적으로 두기 때문에 강제 성향을 띈다. 정책의 실질적 행동은 법률, 사업계획, 정부 방침, 정책지침, 결의사항 등으로 표현된다.

이러한 정책의 고유 성향은 미디어 정책에도 고스란히 적용된다. 미디어 정책은 정부의 미디어 관련 부처(예, 방송통신위원회, 과학기술정보통신부, 문화체육관광부 등)가 미디어와 관련된 사회, 문화, 가치, 기술 등의 사회적 상태나 조건을 보다 "바람직한 상태"로 변경시키기 위해 개입하는 행정 수단이다. 미디어 정책은 검사, 감독, 행정지도 등의 강제적 권위에 따라 정부의 결정이나 방침을 따르지 않는 정책 대상에게 과태료, 과징금, 제재, 제한 등의 조치를 취할 수 있다.

정책과 관련된 이슈 중에 논쟁적인 것은 "바람직한 상태"가 무엇이냐는 것이다. "바람직함"(desirableness)이란 매우 주관적인 영역이다. 바람직함의 대상을 누가 결정하느냐, 어떤 관점으로 보느냐, 그 대상이 어떤 맥락과 상태 속에 있느냐에 따라 대상에 대한 의미와 평가는 완전히 달라진다. 예를 들어, 안중근(安重根, 1879~1910) 의사와 오사마 빈 라덴(Osama bin Laden, 1957~2011)을 살펴보자. 안중근은 우리나라 입장에선 대한제국의 독립투사이며, 일본의 조선통감부 통감인 이토 히로부미(伊藤博文)를 저격한 의로운 지사(志士)이나 일본인들은 그를 자국의 초대 총리를 사망하게 만든 암살자로 본다. 오사마 빈 라덴의 경우, 미국은 국제테러조직 알카에다(al-Qaida)의 지도자이며 2001년 9월 11일 미국 뉴욕시에서 항공기 테러로 무고한 민간인 2,977명을 사망하게 만든 극단적 테러리스트로 본다. 그러나 아랍인들에겐 오사마 빈 라덴은 이슬람을 위해 이교도들과 싸우다 죽은 무슬림 순교자이다. 무엇이 맞는가? 어떤 것이 바람직한 해석인가?

미디어 정책도 마찬가지다. 정책의 주체인 정부가 어떤 정치적 성향을 지녔는가에 따라 정책의 결과와 평가는 완전히 달라진다. 정책은 항상 바람직한 상황을 목적으로 두지만, 정책집행 과정에서 반드시 해당 정책에 의해 이익을 보는 집단과 손해를 보는 집단이 발생한다. 공공문제를 해결해주는 100% 완벽한 정책은 존재하지 않기 때문에 정책 주체인 정부가 진보적 가치를 추구하는지 아니면 보수적 이념에 의존하는지는 매우 중요한 사항이다. 미디어 정책의 주체인 정부는 정당의 정권 창출 결과물이다. 이런 이유로 정부는 정파적 속성을 지닐 수밖에 없다. 정부가 어떤 정치적 성향을 보유하고 있느냐에 따라 특정 미디어 현상에 대한 정책 대응이 상이할 수 있다. 바람직한 변경이 필요한 미디어 현상과 연관된 의제설정, 정책분석, 정책집행, 정책평가에서 정치적 이데올로기가 관여하고, 여러 층위의 정책행위자들 간 역학관계가 서로 갈등, 경쟁, 합의하면서 미디어 정책 결과물이 구현된다.

이 지점에서 정책구현의 배경이 되는 정책 철학이 무엇인지 살펴보아야 한다. 모든 정책은 나름대로 정책 이념(a policy ideology)이 존재한다. 이 세상에 존재하는 모든 정책을 이분법적으로 파악하는 것은 성급한 일반화의 오류(the Fallacy of Hasty Generalization)에 빠질 수 있으나 이해의 편의상 미디어 정책을 공익주의(public service model)와 시장주의(free marketplace of ideas)로 구분할 수 있다.

공익주의와 시장주의 정책 이념 모두 공익(public interest)을 추구한다. 다만 두 이념의 최종 목표인 공익을 실현하는 방법론은 차이가 있다. 우선 철학적 기초에 있어서 공익주의는 공익을 사익과 구별하는 실질적 가치로 인식하는 반면에 시장주의는 사익의 집합을 공익으로 이해한다. 공익주의는 인간, 공동체, 사회의 존엄성 등 사회문화적 가치를 중요하게 보지만 시장주의는 개별 욕구 충족 극대화, 기술 및 산업발전, 물질적 성장과 풍요 등 경제적 가치를 우선 가치로 간주한다. 공익주의는 공익 추구를 위해 다양성, 다원성, 공정성, 보편적 서비스, 사회문화, 경제민주화, 문화정체성, 지역주의, 민족주의 등을 하위이념으로 보지만, 시장주의는 기술혁신, 경제적 효율성, 생산성, 국가경쟁력을 이념 체계의 세부 요소로 본다. 공익주의는 공익 가치를 실현하는 방법에 있어서 적극적 감시 및 규제 수단을 중요하게 보지만 시장주의는 규제 완화 혹은 탈규제를 옹호하고, 기업의 자율성이나 공정경쟁을 보장해서 시장실패를 방지하기 위한 최소한의 정부 개입만 허용한다. 미디어 산업에 대한 인식은 공익주의의 경우, 미디어 산업을 공동체의 집합적 의식, 정체성, 문화 등을 생산하는 중추 영역으로 보지만 시장주의는 다른 산업과 큰 차이를 두지 않는다.

정책은 정부가 주체적으로 시행하는 것이고 정부는 숙명적으로 정파적 속성을 가진 실체라고 가정했을 때, 역사적으로 우리나라 미디어 정책이 어떤 방향으로 전개되었는지 쉽게 추정할 수 있다. 1988년 노태우 정부 출범 이후 대한민국은 10년 주기로 3회에 걸쳐 보수와 진보 정당 간 정권 교체를 이루었다. 민주화 이후 국민은 수권 정당이 타성에 젖어 변화를 거부할 때 선거를 통해 심판하여 정권 교체를 이뤘다. 현재도 10년 주기는 아니지만 진보 정권에서 보수 정권으로 정권 교체가 이루어졌다. 일반적으로 진보 정권이 공익주의적 이념을 추구하고 보수 정권이 시장주의적 이념을 가졌다고 볼 때, 서로 다른 이념적 성향을 가진 정권의 진자(振子) 운동성 교체 과정에서 미디어 정책은 갈팡질팡하는 경향을 보였다. 미디어 정책은 장기간에 걸쳐 문화와 산업 생태계 전반을 아우르는 집행이 요구된다. 정책행위자, 정책 환경, 정책 법규 등이 일관성없이 운영되면 효과적 정책집행을 담보할 수 없다. 공익주의와 시장주의 정책 이념의 교체와 미디어 시장에서 정치 과잉은 미디어 산업의 공적영역과 시장영역의 차별성을 형해화시켰다. 정치권이 미디어 생태계를 지배하려는 욕구가 강해지면서 공영과 민영의 차이가 사라져 공·민영 미디어 기업 모두가 경쟁하고 동시에 모두가 공적 책무를 부여받게 되는 상황이 만들어졌다(이종관, 2022.9.6). 이는 미디어 산업의 공익 및 산업적 성과를 줄어들게 했다. 더욱이 디지털 기술의 발전과 방송통신 융합 현상은 미디어 정책을 담당하는 정부 부처의 반복적인 통폐합을 야기시켰다. 정권 교체 때마다 미디어 관련 정부 부처에 대한 통폐합은 각 미디어 산업의 법체계를 안정적이지 못하게 만들었다. 보다 엄밀히 표현하면 법체계가 미디어 환경 현실을 못 따라가고 있는 형편이다. 특히 정치권의 방송을 지배하려는 정치적 헤게모니 싸움이 과도하여 미디어 정책의 합리적 운영이 이루어지지 않고 있다. 방송정책의 근간이 되는 기본원칙과 비전이 부재하고 정치 과잉 상태가 장기간 이루어져 정책적인 측면에서 국내 미디어 생태계는 산업적 질서와 정책적 규율이 불일치한 상태를 유지하고 있다.

4. 소비자 특성: 스마트 미디어 이용 증가

「2022년 방송매체이용행태조사」에 따르면 2022년 기준, 국내 가구매체보유율의 경우, TV(95.4%), 라디오(71.2%), 데스크톱(48.3%), 노트북(45.7%), 스마트패드(29.1%), 음성인식 AI(12.5%)로 나타났다(방송통신위원회, 2022). TV 수상기 이용시간은 하루 평균 3시간 3분이고, TV 수상기 이외 매체이용 방송프로그램 시청시간은 하루 평균 1시간 51분이다. 저연령대(10~40대)일수록 고연령대(50대 이상)에 비해 스마트폰을 필수매체로 인식하는 경향이 강한 것으로 나타났다. 40대 이하 연령대의 약 90% 이상이 스마트폰을 보유하고 있지만, 50대 이상은 약 62%만 스마트폰을 보유하는 것으로 나타났다. 온라인동영상콘텐츠이용 패턴을 보면, 지난 3년간 OTT 이용률(2020~2022년)이 66.3%에서 72.0%로 증가했다. 평소 OTT 이용방식은 70% 이상이 OTT 홈페이지나 앱을 이용하는 것으로 나타났다. 2022년 기준으로 유·무료 통합 OTT 서비스 사별 이용률을 보면, 유튜브(66.1%)가 1위고, 그 뒤를 이어 넷플릭스(31.5%), 쿠팡플레이(7.8%), 웨이브 (6.1%), 티빙(5.2%) 순이다. 1인 가구 방송매체 이용행태를 보면, 2022년 기준 1인 가구의 80% 이상이 중소도시(39.6%) 및 대도시(41.0%)에 거주하고 있다. 이들 중 30대 이상 연령대의 약 90%가

TV로 지상파 방송을 시청하는 반면에 20대 이하 연령대는 51.5%만 TV를 이용하는 것으로 나타났다. 20대 이하 저연령층의 23.8%는 스마트폰을 통해 지상파 프로그램을 시청하는 것으로 나타났다.

2022년 기준 방송매체이용자의 매체 이용은 다음과 같은 특성이 있다. 첫째, 매체 이용의 개인화가 고령층으로 확대되고 있다. 둘째, 매체이용 시간은 오전 8시와 오후 9시에 집중하고 있다. 셋째, OTT/VOD 다시보기 시청이 증가하고 있다. 넷째, TV 시청 중 스마트폰 동시 이용이 증가하고 있다. 다섯째, OTT 이용률이 지속적으로 증가하며 TV를 통한 이용 패턴이 높다. 여섯째, 라디오 주 청취층은 40~60대이고 주로 차에서 청취한다. 일곱째, 유료방송 점유율은 전년과 유사하다. 여덟째, 코로나19 관련 정보는 주로 스마트폰을 이용해서 습득한다. 아홉째, 1인 가구는 TV 보유율과 유료방송 가입률이 낮다. 마지막으로, 스마트폰을 이용하는 고령층의 OTT 이용이 높다.

2022년 한국언론진흥재단이 조사한 언론수용자 조사에 따르면, 저연령층(20대)과 고연령층(70대 이상)의 경우, 미디어 이용행태와 인식이 분명히 구별되는 것으로 나타났다. 연령이 높을수록 전통매체를 더 많이 이용하고 더 신뢰하며, 연령이 낮을수록 인터넷 기반 매체를 더 많이 이용하고 신뢰한다. 20대는 96.9%가 인터넷 포털을 이용하는 반면 70대는 96.8%가 TV를 주로 이용하는 것으로 나타났다. 20대는 74.1%가 인터넷 포털을 언론으로 인식하지만, 70대는 31.2%만이 인터넷 포털을 언론으로 인식했다. 특히 70대 이상은 자신이 이용하는 뉴스에 대한 신뢰도가 높은 것으로 나타났다.

위 대규모 조사 결과들을 종합하면, 미디어 시장에서 미디어와 콘텐츠를 이용하는 소비자의 연령대와 거주 형태에 따라 미디어 소비패턴이 다르다는 것, 미디어 이용자들이 점점 스마트 미디어를 이용하여 콘텐츠를 소비하고 있다는 것, 미디어 서비스 이용자 또는 콘텐츠 소비층이 저연령층에서 고령층으로 확장되고 있는 것이 2023년 기준 미디어 이용자의 특성이다. 국내 미디어 생태계에서 미디어 소비자들은 전통 미디어가 아닌 스마트 미디어를 통한 개인 욕구 충족, 모두가 상호연결된 네트워킹 미디어 이용, 그리고 주체적으로 미디어를 이용하는 적극적 미디어 생비자(prosumer)의 모습을 하고 있다.

향후 AI, 챗GPT, 메타버스, 블록체인 등이 일상화되면 미디어 이용자의 소비패턴은 또 다른 모습을 보일 것이다. 언급된 기술 모두 미디어 기업의 지속가능성 경영에 큰 영향을 미칠 것으로 예상된다. 새로운 기술이 인간관계 파괴, 일자리 대체, 윤리적 이슈 등에서 기회와 위험의 결과물을 만들어 낼 가능성이 있어 ESG 영역에서 다루어야 할 사안들이 많다. 예를 들어, 메타버스는 가상현실을 이용하기 때문에 에너지 소비 없이 비즈니스를 행할 수 있어 환경보호 측면에서 의미가 있다. AI는 사회 영역에서 일자리 대체에 따른 노사관계 문제를 일으킬 수 있다. 블록체인은 미디어 기업의 영업 투명성 등에서 효과를 나타내거나 반대로 부정적 상황을 일으킬 수 있다. 미디어 이용자가 새로운 기술변화와 지속가능성 사이에서 어떤 소비패턴을 취하느냐에 따라 사회공동체의 모습은 완전히 달라질 것이다.

참고문헌

과학기술정보통신부 (2023). 2022년 하반기 유료방송 가입자 및 시장점유율, 사전정보공표목록, Retrieved 8/20/23 from https://www.msit.go.kr/publicinfo/detailList.do?mId=63&publictSeqNo=653

과학기술정보통신부 · 방송통신위원회 (2022). 2022년 방송산업 실태조사 보고서, Retrieved 8/20/23 from https://www.kisdi.re.kr/report/view.do?key=m2101113024973&arrMasterId=3934581&masterId=3934581&artId=707436

미디어오늘 (2023.7.25). 넷플릭스 의존 'K콘텐츠' 전략은 바닥을 드러낼까, Retrieved 8/20/23 from http://www.mediatoday.co.kr/news/articleView.html?idxno=311440

방송통신위원회 (2022). 2022 방송매체이용행태 조사, Retrieved 8/20/23 from https://kcc.go.kr/user.do?mode=view&page=A02060100&dc=K02060100&boardId=1027&cp=1&boardSeq=54472

시사오늘 · 시사ON (2023.5.18). 유료방송 가입자 수 정체국면...'코드커팅' 원인은 OTT?, Retrieved 8/25/23 from http://www.sisaon.co.kr/news/articleView.html?idxno=150361

연합뉴스 (2022.5.18). 유료방송시장 통신3사 점유율85.9%...KT계열, 35.6%, Retrieved 8/25/23 from https://www.yna.co.kr/view/AKR20220518072300017

이종관 (2022.9.6). 방송산업의 현주소와 미래 경쟁력 제고 방안: 방송규제개혁, 한국방송학회 후원세미나, 글로벌 미디어 환경, 국내 방송산업 경쟁력 제고를 위한 방송규제개혁방안 정책토론회, 발표문. Retrieved 7/20/23 from https://www.youtube.com/watch?v=85xdQKZtWks

한국언론진흥재단 (2022). 2022 언론수용자조사. Retrieved 8/25/23 from https://www.kpf.or.kr/synap/skin/doc.html?fn=1674181309430.pdf&rs=/synap/result/research/

TECHWORLD (2022.12.21). 방송업계, OTT위주로 재편...플랫폼간 협력 확대, Retrieved 8/25/23 from https://www.epnc.co.kr/news/articleView.html?idxno=229859

제6장

국내 미디어 기업의 지속가능성 경영

1. 국내 미디어 기업의 지속가능성 경영 상황

국내 신문사들은 10대 종합일간지(조선일보, 중앙일보, 동아일보, 경향신문, 한겨레, 문화일보, 한국일보, 국민일보, 세계일보, 서울신문)와 일부 경제지를 제외하곤 대부분 영세한 수준을 벗어나지 못하고 있다. 인터넷 신문사는 지속가능성 경영 자체를 적용하기 힘들 정도로 기업 규모가 작다.

국내 10대 종합일간지는 지속가능성 경영을 '사회공헌' 활동으로 인식하고 있다. 2020년 이후 ESG가 글로벌 대세로 부상하면서 신문사들은 지속가능성 경영에 대한 인식변화를 보이기 시작했다. 그러나 이들은 여전히 신문사의 지속가능성 경영을 지속가능발전목표 달성을 위한 경영 전략이라기보다 자사 브랜드 관리나 수익 활동의 수단으로 인식한다. 국내 신문사의 ESG 실천방안 관련 조사 결과(우형진·성용준·김용희, 2022)에 따르면, 국내 10대 종합일간지는 사회책임경영에 대한 진정성이 부족한 것으로 나타났다. 이들의 사회공헌활동은 주로 '시상활동'과 '문화예술체육활동' 지원에 국한되어 있다. 시상활동은 신문사의 권위를 바탕으로 사회 공익 목적에 맞게 상을 수여하는 것이다. 중앙일보 '임직원 자원봉사상', 조선일보 '환경대상', 경향신문 '경향 광고대상' 등이 해당된다. 문화예술체육활동 지원은 각종 예술 및 체육 관련 행사를 주관하고 연례행사로 각 분야에서 뛰어난 문인, 예술인, 체육인 등에게 활동무대를 제공한다.

문제는 신문사의 사회공헌활동 대부분이 자체 예산만으로 진행되지 않는다는 것이다. 대기업, 정부 기관, 지자체 등의 후원 혹은 협찬을 받거나 이들의 홍보 행사 일환으로 이루어지는 경우가 많다. 예를 들어 1968년 이후 56회 개최된 경향신문 '대통령금배 전국고등학교 축구대회'의 경우, 2023년 대회는 경향신문과 대한축구협회가 주최하고, 제천시, 제천시의회, 교보생명, 마데카솔 케어, 연세사랑병원, Huons가 후원했다. 한국일보의 '거북이마라톤' 대회의 경우, 문화체육관광부, 서울특별시, The Korea Times, 농심, 남산케이블카, 한국교육진흥회, 모나리자, 백산수가 후원했다. 국내 신문사의 사회공헌활동 혹은 사회책임활동은 대부분 외부 후원 자금으로 운영되고, 신문사는 그 행사를 주최하거나 운영하는 대가로 외부 후원 자금을 활용한다. 이 과정에서 자연스럽게 신문사의 수익사업과 연계되는 경향이 있다. 국내 10대 종합일간지가 시행한 사회공헌활동은 ESG에서 사회 영역의 지역사회 참여 및 발전에 해당된다. 사회적 약자를 고려하고 공동체의 문화예술체육 활동을 지원하는 것이다. 그러나 국내 신문사의 지속가능성 경영 실천 대부분이 단발성 기획이나 연례행사에 국한되어 있어 중장기적 관점에서 미디어 기업의 지속가능성 경영 실천을 하고 있다고 보기 어렵다.

국내 지상파 방송 3사는 국내 신문사와 달리 기업 규모가 크고 국민의 재산인 주파수를 이용하기 때문에 공적 책무를 다해야 한다. 국내 신문사와 비교했을 때, 국내 지상파 방송사는 사회공헌 업무에 더 많은 예산과 전담 인력을 운용하고 있다. 국내 지상파 방송사의 사회책임 또는 ESG 활동을 담당하는 부서들은 각 사의 사회공헌실, 홍보실, 문화재단 등이다. 그러나 국내 지상파 방송사의 ESG 관련 조직은 위상이 낮은 편이다. 이들의 업무는 방송사의 여러 경영업무 중 하나일 뿐 최고의사결정기구의 정책이라기보다 낮은 단계의 경영기획전략 업무 수준에 머물러 있다. 이들이 주로 담당하는 업무는 공익캠페인성 방송프로그램 제작, 지상파 방송사의 사회공헌 연례행사 진행, 백서 발간이나 홍보성 홈페이지 제작 등에 국한되는 경우가 많다. 특히 국내 지상파 방송사의 지속가능성 경영 수준이 높지 않은 이유는 예산 부족과 경영진의 인식 부족으로 나타났다(우형진·유승철, 2015). 국내 방송시장이 협소하고 경쟁이 심화하는 과정과 유료방송시장의 급성장과 OTT를 비롯한 새로운 매체의 증가에 따라 지상파 방송사의 수익은 점점 악화하고 있다. 급기야 지상파 방송 산업이 붕괴될 수 있다는 우려가 가중되는 상황에서 비용이 드는 ESG 관련 활동에 예산을 투여하기가 어렵다. 또한 국내 지상파 방송사 3사 경영진의 지속가능성 경영에 대한 인식이나 의지도 부족하다. 국내 지상파 방송사는 공적 책무 달성을 위해 지속가능성 경영을 해야함에도 불구하고 전문인력 양성이나 ESG 전문가와의 협업 등에 인색하다. 국내 지상파 방송사 경영진들은 지속가능성 경영 차원에서 환경, 사회, 지배구조에 대한 근본적인 혁신 대신 기존 업무를 유지하며, 자신의 임기를 채우기도 급급한 소극적 자세 때문에 소신있는 지속가능성 경영 실천이 어려운 상황이다.

국내 지상파 방송 3사는 지속가능성 경영 활동을 대부분 '공익캠페인'과 '자선활동'으로 일관하고 있다. 이들은 해당 기업 행위를 사회공헌활동으로 여기고, 언론사의 사회적 책임을 공동체에 대한 사회 환원이라는 협소한 의미로 인식하고 있다. 이런 점에서 국내 지상파 방송 3사는 국내 종합일간지보다 사회공헌 규모가 클지 몰라도 낮은 수준의 지속가능성 경영을 실행하고 있는 것으로 평가받는다. 국내 지상파 방송사가 자사의 설립목적, ESG 실천활동, 조직관행을 연계한 지속가능성 경영을 체계적이고 일관성 있게 추진하는 경우를 찾아보기 힘들다. 국내 지상파 3사는 지속가능성 경영 목표를 주로 사회적 약자에 대한 배려나 경제적 빈곤계층을 위한 나눔을 주제로 다양한 자선활동과 기부활동을 전개하는데 두고 있다.

2022년 윤석열 대통령직인수위원회가 출범하면서 글로벌 ESG 트랜드를 반영하여 국내 지상파 방송사와 종합편성채널들이 방송사의 ESG 활동에 대해 다시 고민해야 하는 상황이 발생했다. 대통령직인수위원회는 110대 국정과제로 ESG 성과를 공영방송 위상 정립 차원에서 방송평가에 포함시켰다. 방송통신위원회는 지상파 방송사와 종합편성채널에 대한 방송평가 시 ESG 경영 항목을 가점 사항으로 신설했다(미디어오늘, 2022.12.8). 2023년 5월 9일 KBS는 방송제작가이드라인에 친환경 및 탄소 저감 조항을 신설하고, 2024년부터 해당 가이드라인을 KBS가 제작하는 전체 프로그램에 적용할 것이라고 발표했다(미디어오늘, 2023.5.9). KBS는 방송프로그램 제작 과정 중에 발생하는 탄소배출량을 측정하는 도구인 한국형 방송프로그램 탄소계산기를 개발하고 방송계에 배포하여 친환경 제작 생태계를 선도하겠다는 포부를 밝혔다. 이런 변화는 글로벌 ESG 트랜드에 맞춰 공영방송을 중심으로 지속가능성 경영에 대한 자각을 한 것으로 보이지만 여전히 관련 예산, 전문가 충원, 지속가능성 경영 의지는 부족한 실정이다.

국내 플랫폼 기업은 사업 구성이 일반기업에 가깝고, 자산 규모로 따지면 대규모기업집단[1]에 속하는 기업도 많다. 이들의 영역은 주로 통신, 포털, SNS, 콘텐츠, 게임, e-commerce, 배달앱 등 디지털, AI, 네트워크 등 첨단 기술을 활용한 비즈니스다. 국내 플랫폼 기업들은 국내·외 소비자를 대상으로 하고, 해외 시장도 고려해야 하기에 글로벌 트랜드, 해외 법·제도 시행, 정부 규제 등에 매우 민감하다. 국내 플랫폼 기업들은 오래전부터 CSR 경영, CSV 경영, 환경경영, ESG 경영 등을 모니터링하고, 자사의 상황에 맞게 적절히 대처해왔다. 이들은 미래 어느 시점에 ESG가 한 회사의 기업경영전략이 아닌 국가간 무역장벽이 될 수 있다고 판단했다. 이에 따라 장기간 지속가능성 경영에 대해 연구하고, 글로벌 공시기준에 맞게 ESG 실천 활동을 지속가능성경영보고서 형식으로 공개하기도 했다.

이들의 예상처럼 ESG 추세가 특정 국가나 산업 영역에 머무르지

1 동일 기업집단 소속 국내회사(계열사)들의 직전 사업연도 재무상태표 상의 자산총액 합계액이 5조 원 이상인 기업집단(공시대상기업집단: 자산총액 5조 이상, 상호출자제한기업집단: 자산총액 10조 이상)

않고, 글로벌 수준의 전 산업 영역으로 적용되고 있는 것이 현실이다. 2023년 EU와 미국은 '친환경공급망 구축'을 명분으로 환경규제 강화를 공표했다(국민일보, 2023.8.10). 예를 들어, 프랑스는 철강, 알루미늄, 배터리 등 6개 부문에 온실가스 발생을 이산화탄소 배출량으로 환산하고 재활용 점수를 합산해서 해당 제품에 보조금이나 관세를 책정하겠다고 발표했다. 2023년 10월 EU는 탄소국경조정제도[2](Carbon Border Adjustment Mechanism, CBAM) 시범 시행에 들어간다. 이 제도에 따르면 탄소배출량이 EU 기준을 넘는 제품을 수입하는 현지 기업은 탄소배출권을 구매해야 한다. 2026년 EU의 CBAM이 본격적으로 실시되면, 유럽 시장에 수출하는 환경경영을 하지 않은 기업들은 큰 손해를 보게 될 것이다. 미국은 친환경 관련 공시 의무화 규정 신설 여부를 검토 중이다. 또한 미국 증권거래위원회(SEC)는 ESG 공시를 의무화하는 방안을 확정할 예정이고, 미국 상장사뿐만 아니라 연관된 공급망의 모든 협력사 등의 탄소배출량도 포함할 것으로 발표했다(디지털타임스, 2023.8.8).

국내 플랫폼 기업의 지속가능성 경영 상황은 국내 신문사나 방송사들과 달리 형식적인 면에서 높은 수준이라고 판단된다. "형식적인 면"이란 지속가능성 경영 정보에 대한 공시기준 준수, 글로벌 표준 준수, 인증체계 도입, 지속가능성경영보고서 작성 및 공개 등을 의미한다. 다수의 플랫폼 기업들이 GRI, SASB, TCFD 등 글로벌 가이드

2 온실가스 배출 규제가 느슨한 국가에서 생산된 제품이 EU 시장으로 수출될 경우, 해당 제품 생산과정에서 발생한 탄소량을 추정하여 세금을 부과하는 조치로서 수출국은 이 제도를 EU 시장에 대한 일종의 무역장벽으로 인식한다.

라인에 따라 지속가능성 경영 정보를 연례적으로 공시하고 있다. 이들은 환경, 사회, 지배구조 영역을 구분하고, 해당 영역에서 환경보호, 탄소배출량 측정, 노동환경, 인권, 소비자 보호, 지역사회 참여 및 발전, 공정거래, 윤리경영, 준법경영 등에 대한 자사의 상황을 측정, 평가, 공시, 환류하고 있다. 여러 가지 부분에서 일부 문제점도 발견되고 있지만, 타 국내 미디어 기업들에 비해 앞서가는 지속가능성 경영을 실천하고 있다고 평가된다.

2. 국내 미디어 기업의 지속가능성 경영 실천 사례

국내 신문사들은 주로 시상활동과 문화예술체육활동 지원을 통해 지속가능성 경영을 실천하고 있다. 조선일보 시상활동의 경우, "한일국제 환경상", "조선일보 환경상", "올해의 스승상"과 같이 환경과 교육 부문에서 우수한 성과를 낸 공로자를 발굴하여 시상한다. 문화예술체육활동 지원의 경우, "신춘문예", "아시아프", "신인음악회," "찾아가는 북콘서트", "동행걷기대회", "LG배 조선일보 세계 기왕전" 등을 운영한다. 중앙일보는 시상활동으로 "청백봉사상", "백상예술대상", "골든디스크시상식"을 운영하고, 문화예술체육활동 지원은 "대통령배 고교야구", "중앙 서울 마라톤", "중앙 음악 콩쿠르"를 지원하고 있다〈그림 6-1〉. 특히 동아일보는 문화예술체육 영역의 다양한 분야에서 활동을 지원하고 있다. "서울 국제 음악 콩쿠르", "동아 음악 콩쿠르", "동아 무용 콩쿠르", "동아 국악 콩쿠르", "동아 주니어 음악 콩쿠르", "동아 수영대회", "동아 마라톤", "동아일보배 대상경

〈그림 6-1〉 중앙일보 청백봉사상

출처: Retrieved 9/10/2023 from https://www.joongang.co.kr/article/25109885

주(경마)" 등 클래식, 국악, 무용, 수영, 마라톤, 경마 종목이 지원 대상이다. 경향신문도 다양한 시상식과 문화예술체육 활동을 지원한다. 시상활동의 경우, "전태일 문학상 및 청소년 문학상", "김수영 청소년 문학상", "황산벌 청년문학상", "박인환 상", "민족화해상"이 대표적이다. 문화예술체육 활동 지원은 "이화경향 음악콩쿠르", "경향 실용음악 콩쿠르", "경향뮤지컬 콩쿠르", "대통령금배 전국고교 축구대회", "대통령기 전국 통일구간 마라톤 대회", "경향사회인 야구대회"가 있다.

국내 신문사들이 실천하는 지속가능성 경영 실천 사례는 시상활동과 문화예술체육활동 지원 이외에도 많지는 않지만 다른 분야에 대한 사회공헌 사례도 있다. 예를 들어 한겨레는 "독자권익위원회와 시민편집인 운영"을 통해 기사 생산을 독자들과 함께 하거나 독자의 의견을 보다 많이 수용하는 플랫폼을 운영한다. 동아일보의 "동아 꿈나무 재단"의 경우, 장학복지재단으로 청소년 육영 지원 사업을 진행한다. 중앙일보의 "위스타트 운동"이나 "위아자 나눔장터"를 통해 저소득층 어린이를 위한 기부, 복지, 교육 지원활동도 진행하고 있다. 조선일보는 "중소기업 정책포럼"을 운영하여 중소기업 활성화와 대기업과 중소기업 간의 양극화 문제를 해결하는 활동도 진행하고 있다.

국내 지상파 방송사는 공익캠페인과 자선활동을 주로 하고 있다. KBS는 "사람사랑 생명사랑 밤길 걷기", "김장 나눔 대축제" 등을 통해 자살 예방과 생명의 소중함을 공동체에 환기하고, KBS 재능나눔 봉사단과 적십자사, 우정사업본부, 풍석재단 등의 임직원들이 참여해서 김장을 담아 빈곤층에 전달하는 행사를 진행하기도 했다. 특히 KBS는 "강태원 복지재단"을 설립하여 나눔문화 촉진을 위한 방송 캠페인을 전개해서 소외계층 복지 지원 사업을 하고 있다〈그림 6-2〉. KBS는 "직원 매칭 그랜트" 사업도 실행하고 있다. 이 사업은 임직원과 회사가 1:1로 초록우산 어린이재단을 통해 매월 저소득층 아동 및 청소년에게 정기적인 후원금을 지원하는 사업이다. MBC는 사회공헌활동으로 자선활동을 지향하고 있다. MBC는 "임직원 자원봉사 및 사회 소외계층 지원" 활동의 일환으로 매월 임직원이 정기 봉사활동을 진행하고, 분기별로 임직원과 가족들이 참여하는 가족 지원봉사도 진행하고 있다. MBC는 다른 지상파 방송사와 차별적으로 시행하는 사회공헌활동도 있다. MBC의 "방송프로그램 부가사업 수익 기부 프로젝트"는 MBC가 제작하는 주요 방송프로그램(예: 무한도전, 놀면뭐하니, 나혼자산다, 백파더: 요리를 멈추지마, 배철수의 음악캠프

〈그림 6-2〉 KBS강태원복지재단

출처: Retrieved 9/10/2023 from https://www.kbsktw.com/

등)에서 다양한 장학금 지원, 기부금 지원, 장애인 지원활동을 실천하고 있다. MBC는 "같이펀딩 기부 프로젝트"를 통해서 시청자와 함께 기부 프로젝트를 크라우드 펀딩 기법으로 진행하기도 했다. 이를 통해 독립유공자 주거지 마련, 청각장애인 인공와우수술 지원, 해양쓰레기 수거를 위한 기부금을 마련했다. SBS는 사회공헌 방송프로그램을 제작해서 공익캠페인을 수행했다. "희망TV SBS", "세상에서 가장 아름다운 여행", "물은 생명이다" 등 국내·외 소외계층, 환경문제에 대한 프로그램을 제작하여 공동체를 환기하는 활동을 수행했다. SBS는 "임직원 지역사회봉사"나 "나도 펀딩"을 통해 지역사회와 소외계층에 대한 자선활동을 진행했다.

국내 지상파 방송사들은 공익캠페인과 자선활동 이외에 자사가 보유한 인적·물적 자원인 문화재단, 교향악단, 재능나눔봉사단, 외부 인적 네트워크, 시설, 기자재 등을 활용하거나 사회공헌 대상자들에게 대여해 줌으로써 다양한 사회공헌활동을 진행하고 있다. 특히 SBS는 문화재단과 서암학술재단을 통해 문학, 예술, 미래 등에 대한 장학금과 연구비 지원을 하고 있다.

국내 플랫폼 기업들은 환경, 사회, 지배구조 영역에서 글로벌 표준에 맞게 지속가능성 경영을 시행하고 있다. 네이버는 환경 영역에서 "ESG 채권 발행", "환경 전담조직 신설", "데이터 센터 건물 운영 효율화", "네이버 사옥 그린팩토리 건물 운영 효율화", "네이버 2040 Carbon Negative" 등을 진행하고 있다〈그림 6-3〉. 사회 영역에서는 "With U", "노사협의회", "인권정책"을 시행하여, 회사 내부 이해관계자들 사이에서 발생할 수 있는 인권문제와 사내 고충을 예방하고, 공정한 고용 및 노사 간 소통을 강화하고 있다. 네이버는 AI 기반 X-eye 기술을 통해 음란물 확산 및 2차 피해 예방을 목적으로 한 정책도 시행하고 있다. 내부 이해관계자들에 대한 정책뿐만 아니라 지역사회와 소상공인을 위한 지원활동도 한다. "대중 서비스 지원", "소프트웨어야 놀자", "네이버 커넥트재단"을 통해 COVID-19로 인해 수업에 차질을 빚은 학교 대상 인프라 지원, AI와 데이터 관련 기본 개념을 배우는 다양한 교육 프로그램 제공, 웹/안드로이드/iOS 개발 및 디지털 마케팅 과정 제공, 소프트웨어 코딩 교육 강좌를 제공하고 있다. 네이버는 소상공인들을 위해 "SME 지원", "프로젝트 꽃", "D-commerce"를 운영하고 있으며, 네이버 문화재단을 통해 다양한 문화 관련 프로젝트를 시행하여 언더그라운드 음악 창작자를 지원하고 인문학 강연 프로젝트를 운영하고 있다. 네이버는 지배구조 영역에서 선진화를 위한 노력을 강화하고 있다. 주주들이 정보를 쉽게 획득할 수 있도록 홈페이지 내 별도 IR 페이지를 운영하여 투자자들과 소통을 강화하고 주주가치 제고를 위한 노력을 기울이고 있다. 이를 위해 "이사회 구성 및 독립성 강화", "감사기구 설치", "리스크 관리", "윤리경영", "준법경영", "투명공시", "개인정보보호"에 대한 프레임워크를 만들었다. 또한 사내 다양성과 포용성을 확대하기 위해 "균등한 사내 이직 기회 제공" 및 "네이버 핸즈" 활동을 운영하고 있다. OCC(Open Career Chance) 제도를 통해 자유롭게 부서 이동의 기회를 제공하고 직군에 따른 임금 차별을 폐지했다. 네이버 핸즈는 발달장애 청소년들이 수행 가능한 업무를 발굴하여 직접 고용을 실시하고, 우리 사회의 장애인들과 실제 동행하는 모습을 실천하고 있다.

〈그림 6-3〉 네이버 2040 Carbon Negative 달성

출처: NAVER (2023.6). NEVER INTEGRATED REPORT 2022, p.100.

KT는 "탄소정보공개프로젝트(CDP) 클럽 가입", "온실가스 배출량 관리체계 구축", "KT-MEG(Micro Energy Grid)", "사내 친환경 캠페인 지.우.개" 프로그램을 운영하고 있다. KT는 Net Zero 2050 달성을 자사 환경경영의 중심 목표로 삼고 있다. 장기적 계획에 따라 탄소배출량을 측정하고, 친환경 에너지 사용 비중을 확대하는 정책을 수립하고 있다. KT는 사회 영역에서 "감정노동자 보호", "협력사 지원 체계 구축(공동 R&D 운영)", "비즈 콜라보레이션" 프로그램을 운영한다. 사회 영역 프로그램들은 주로 고객상담센터 상담사의 정신상태와 심리 보호를 위해 정기적으로 검사하고 힐링시키는 내용을 담고 있다. KT는 협력사와 신기술 및 솔루션 개발 체계를 구축하고, 스타트업과 동반성장을 위한 프로그램을 운영하고 있다. KT는 "동자희망나눔센터", "통신서비스격차 해소", "랜선 야학", "KT 사랑의 봉사단"을 운영하고 있다. 2013년부터 동자동 쪽방촌에서 IT 교육과 봉사활동을 하고 있으며, 낙도 지역에 무선전송망 사업을 전개했다. 그 결과 초중고생을 위한 원격교육이 가능하게 되고, 접경 지역에서 근무하는 군장병의 스마트폰 환경이 크게 개선되었다. KT는 서울시교육청과 업무협약을 맺고 KT 랜선에듀 플랫폼을 활용해 1명의 멘토와 3명의 멘티 매칭으로 기초 과목 중심 비대면 교육 프로그램을 운영하고 있다. KT는 자체적으로 재난 대응 매뉴얼을 만들고, 재난 지역에 구호키트, 의료진, 통화 지원, 도시락 배달 등 봉사활동도 활발히 수행하고 있다. KT는 지배구조 영역에서 "이사회 구성 및 주주 권리 보호", "윤리경영", "공정거래 준수", "리스크 관리" 부분을 강화하고 있다. KT는 다양성과 포용성을 제고하기 위해 KT "AI 고객센터", "목소리 찾기 캠페인", "KT 소리 찾기 캠페인"을 통해 장애인 고객이

통신이용에서 겪는 불편 사항을 해소하고, 청각장애인을 위한 앱을 개발했으며, 세브란스 병원과 협력하여 청각장애 아동에게 인공와우 수술을 지원했다.

3. 국내 미디어 기업의 지속가능성 경영 평가 체계

국내 신문사, 방송사, 플랫폼 기업은 각자 나름대로 자신의 형편에 맞게 지속가능성 경영을 하고 있다. 이들이 생각하는 지속가능성 경영은 사회공헌활동, 공적 책무 이행, ESG 영역 활동 등 그 목적과 범위가 천차만별이고 지속가능성 경영 수준도 다르다. 기업의 지속가능성 경영은 기업이 재무적 영역인 매출, 영업이익, 자산 증식만 관리하는 것이 아니라 기업과 연관된 윤리, 환경, 사회문제, 지배구조 등 다양한 비재무적 분야에 대해서도 고려하는 경영을 통해 기업가치를 지속적으로 향상시키는 것을 의미한다. 전통적으로 기업가치를 평가하는 방법은 다양하다. 기업의 매출액, 영업이익, 순이익 등의 지표를 기반으로 기업의 소득에 대한 가치평가, 회사의 순자산 값에 추가적인 요소를 고려하고, 회사의 자산을 현재 시장 가격에 기반하여 평가하는 자산에 대한 가치평가, 비슷한 규모의 회사나 거래를 비교하거나 유사 법인의 과거 거래 정보를 기반으로 판단하는 시장에 대한 가치평가 등이 있다. 그러나 전통적인 기업가치 평가는 모두 기업의 재무적 요소에 국한된 영역이다. 기업가치 평가영역에서 비재무적 요소인 환경, 사회, 지배구조에 대한 평가방법이나 측정 지표에 대한 표준은 아직 정립되어 있지 않다. 더욱이 비재무적 요소는 양적 측정이 불가능한 경우도 있고, 산업의 특성에 따라 연관되는 비재무적 요소가 상이하기 때문에 기업 간 비교 가능한 표준 지표를 찾기도 힘들다. 이런 상황이 미디어 산업에만 국한된 것은 아니지만 특히 미디어 영역의 경우 무형의 정신상품과 서비스를 생산, 저장, 유통하는 공급망 속에 있기 때문에 미디어 기업의 비재무적 요소를 평가하기는 더욱 어렵다.

기업가치 평가는 기업이 특정기간 동안 이루어 놓은 이익과 손해를 측정하고, 측정 항목 간의 인과관계를 파악하여 기업의 성과를 분석한 후 환류함으로써 추후 기업 이익과 손해 비율의 변화를 꾀하는 행위다. 지속가능성 경영평가도 마찬가지이다. 1년 동안 기업과 연관된 환경, 사회문제, 지배구조 영역에서 발생하는 위험과 기회를 측정하여 수치화하고 절차에 맞게 공시하는 것을 의미한다. 한마디로 국내 미디어 기업들은 환경 영역에서 환경경영 관리체계, 운영 및 성과 분석, 이해관계자 소통 부분을 측정해야 한다. 미디어 기업은 사회 영역의 경우, 사회문제 대응 관리 체계, 종업원 인권, DEI 검증, 공정운영, 소비자 보호, 개인정보보호, 지역사회 참여 및 개발을 점검해야 한다. 지배구조 영역에서는 이사회 운영, 컴플라이언스 경영, 리스크 관리 체계 등을 평가하여 글로벌 표준에 맞게 공시해야 한다.

국내 미디어 기업 중 신문사는 신문사의 설립목적, 신문사 운영 전략, 신문사 사회공헌활동이 일관되게 설정되어 있지 않다(우형진·유승철, 2015). 국내 신문사의 설립목적은 다음과 같다. 서울신문은 "공공의 이익에 앞장선다". 조선일보는 "정의옹호, 문화건설, 산업발전, 불편부당"을 추구한다. 경향신문은 "진실보도"를 추구한다. 한국일보는 "춘추필법의 정신, 정정당당한 보도, 불편부당의 자세"를 추구한다. 중앙일보는 "사회기풍을 침체 경향에서 발전의 방향으로 진작시키고, 인간의 존엄성과 사회의 공정성을 일깨우며 창조와 생산의 풍토가 이룩될 수 있는 길잡이가 되고자 하며, 사회정의, 사회복지를 이룩할 사회공기의 실현"이다. 대부분 신문사의 최종 목표는 "언론 본연의 업무에 충실하여 국가발전에 이바지하는 것"으로 설정되어 있다. 신문사의 실제적인 운영 전략은 파악하기 어렵다. 기존의 구독료나 광고 및 협찬 수입 이외에 기업으로서 어떤 경영전략을 가지고 있는지 밝힌 바 없다. 최근 들어 '디지털 퍼스트' 전략을 내세우는 곳도 있지만 대부분 명확한 기업 운영 전략이 명시되어 있지 않다. 현재까지 국내 신문사 중 환경경영, 윤리경영, 투명경영, ESG 경영을 공표한 기업은 거의 없다. 신문사의 사회공헌활동은 기존에 수행해오던 관행적 시상식이나 메세나[3](mecenat) 지원활동이 전부다. 신문사의 최고 의사결정조직이 자사를 특정 정파, 종교, 지역에 소속되어 있음을 대외적 혹은 암묵적으로 표현한 경우는 있지만, 영국의 가디언(The Guardian)처럼 ESG 경영을 신문기업의 경영철학으로 공표한 기업은 아직까지 없다. 현재까지 국내 신문사는 지속가능성 경영에 관한 어떤 체계적인 평가를 시도하거나 적절하게 글로벌 표준에 맞춰 공시한 사례가 없다. 국내 신문사들은 지속가능성 경영 청사진을 전혀 계획하고 있지 않기 때문에 사회공헌활동에 대한 측정, 평가, 환류의 절차도 부재하다. 다른 미디어 기업들이 흔하게 작성하

3 기업이 문화예술 영역을 적극적으로 지원하여 사회공헌 및 국가경쟁력 향상에 도움을 주는 활동

는 기업활동에 대한 백서(a white paper)마저도 홈페이지에 게재되어 있지 않은 실정이다.

국내 지상파 방송사의 경우, 국내 신문사와 유사하게 사회공헌활동을 진행해왔다. 지상파 방송사의 특성에 맞게 공익캠페인과 사회약자에 대한 자선활동 위주로 사회책임활동을 이행했다. 국내 지상파 방송사는 다양한 형식으로 자사의 활동 사항을 공개하고, 정부, 국회로부터 평가 및 감사를 받고, 시청자위원회로부터 정기적으로 설명책임을 부여받는다. KBS는 매년 연차보고서를 공개한다. 연차보고서는 방송지표 및 중장기 목표, 채널 현황, 계열사 현황과 같은 전체 개요를 공개한다. 구체적으로 KBS 콘텐츠 부문에서 국제 & 국내 상 수상작, 뉴스 & 스포츠, TV 교양 & 다큐멘터리, TV 예능, TV 드라마, 라디오, 전국 네트워크, 방송 기술, 디지털 서비스에 대해 밝힌다. 또한 KBS가 관여한 국제협력, 경영, 시청자 서비스, 수신료, 사회공헌활동을 설명하고, 일반현황으로 이사회, 집행기관, 재무제표, 인력 및 조직도 등을 보고한다. KBS 이사회는 연차보고서와 별도로 경영평가를 실시한다. KBS 이사회는 「방송법」제49조제1항제6호, 「방송법 시행령」제33조 및 KBS 정관 제12조 규정에 의거하여 매년 경영평가단을 구성·운영하며 KBS의 경영성과에 대하여 평가한다. KBS 경영평가 목적은 KBS의 설립목적인 '공정하고 건전한 문화의 정착', '국내·외 방송의 효율적 실시', 'KBS의 경영개선'을 도모하기 위함이다(KBS, 2023.6). 구체적으로, KBS는 외부 및 내부 경영평가위원들로 구성된 사업연도 KBS 경영평가단을 구성하여 경영목표 설정의 타당성, 예산집행의 효율성, 인사·조직 등 경영관리제도, 경영실적, 연구개발 사업, 시설투자, 기타 KBS의 발전과 경영개선 사항을 평가한다. KBS의 지속가능성 경영에 대한 평가는 '기타 KBS의 발전과 경영개선' 사항에 포함되어 있다. 이 사항은 세부적으로 "공영방송의 윤리", "사회적 책임 이행", "시청자 설명책임" 영역으로 구분된다(KBS, 2023.6). KBS의 공영방송 윤리는 크게 직원 청렴도 제고 및 성평등 제고 노력을 포함한 국가기간방송 종사자로서의 '윤리성 평가'와 자체 사전심의제도 및 자율심의, 지적사항 대비 개선 이행률, 방송통신심의위원회, 언론중재위원회, 및 법원 재판 포함 외부기관 평가와 같은 제작 및 방송 관련 '각종 기준 준수 여부'로 평가했다. KBS의 사회적 책임 이행은 개인정보 보호 추진실적, 비정규직에 대한 공정한 처우, 장애인 고용에 대한 평가, 외주제작 및 협력업체에 대한 공정한 처우, 사회공헌 확대에 대한 활동으로 평가했다. 시청자 설명책임의 경우, KBS 경영정보 및 자료 홈페이지 공개, 시청자위원회 운영, 시청자상담실 운영 등으로 평가했다.

MBC도 공영방송으로서 KBS와 유사하다. MBC는 연례보고서를 발간해서 장르별 프로그램 소개, 공영방송 MBC 관련 방송문화진흥회, 시청자위원회 등에 대한 소개, "MBC와 ESG"란 명목으로 사회공헌, 방송공익성, 지속가능한 발전을 위한 투자 내용을 담고, 마지막으로 MBC 전국 네트워크와 자회사에 관한 정보를 소개했다. MBC의 지속가능성 경영에 대한 정보는 대부분 MBC가 한 해 동안 수행한 사회공헌활동(예: 'MBC 꿈나무축구장학생' 선발, MBC와 자선기관 '사랑의 열매'와의 협업)에 대한 간단한 소개가 전부다. 지속가능한 발전을 위한 투자의 경우도 취재용 전기차 8대 도입과 전기차용 충전기 설치, 그리고 신입사원 공개채용 형식 변화라는 매우 협소한 의미의 사회책임활동을 간략히 명기했다. MBC는 KBS와 마찬가지로 방송문화진흥회 이사 3인으로 구성된 MBC 경영평가소위원회를 구성하여 MBC 경영 전반에 대한 책임실행을 도모하고, 외부 전문가 5명을 MBC 경영평가단으로 위촉하여 실무 평가를 진행한다. 2022년도 문화방송 경영평가 보고서(방송문화진흥회, 2023.6)에 따르면, 방송문화진흥회는 MBC의 핵심 평가지표(KPI)를 점검하고, 전년도 경영평가 지적사항 개선 여부를 확인하며, 편성·제작, 보도·시사, 방송인프라, 경영, 재무회계 분야에 대해 점검했다. MBC의 경영평가는 주로 프로그램 시청률 평가, 재무 평가, 전 연도 지적사항에 대한 대응 평가가 주를 이룬다. MBC의 지속가능성 경영 전반에 대한 평가는 거의 부재하고, 편성·제작 분야에서 공익성(공정성, 다양성, 소수 계층 배려, 민족문화창달, 사회공헌)에 대한 평가가 전부라고 할 수 있다. 즉 MBC가 제작하는 프로그램 내에서 공익적인 부분이 어떻게 재현되었는가에 초점이 맞추어져 있다.

민영방송 SBS는 국내 공영방송사들과 달리 기업공시를 통해 재무적 영역은 "주식회사 에스비에스와 그 종속기업 관련 연결재무제표에 대한 감사보고서"로 대체하고 있다. 비재무적 영역은 SBS 홈페이지에 "ESG"란 항목으로 환경, 사회, 지배구조 영역에서의 경영 활동을 공개하고 있다. 환경 영역은 환경 관련 다양한 프로그램 제작 및 수상작을 소개하고, 온실가스 및 에너지 활용, 수자원, 폐기물, 친환경 기술 도입, 환경경영 캠페인, 친환경 사회공헌 프로그램 현황을 밝히고 있다. 사회 영역은 사회적 이슈 관련하여 SBS가 제작한 프로그램 소개와 구성원, 안전보건, 정보보호, 인권경영, 협력사 동반성장, 공정거래 및 준법, 지역사회 기여, 기술 개발을 통한 혁신 정보를 소개하고 있다. 지배구조 영역은 이사회 현황, 주주의 권리, 기업지배구조보고서, 윤리경영, 대외 ESG 평가등급을 제시하고 있다. SBS는 지속가능성 경영 보고의 설명책임을 다하기 위해 형식상 내용은 모두 갖추었지만, 공개된 관련 정보의 양과 심도가 매우 낮은 수준이다. 각 항목에 대한 간단한 설명과 수치 제시 정도에 머무르고 있다. 한국 ESG기준원에서 밝힌 2022년 SBS ESG 등급은 종합점수 C, 환경 D, 사회 D, 지배구조 B+로 낮은 수준의 지속가능성 경영을 하고 있는 것으로 밝혀졌다.

우리나라 지상파 방송사, 종합편성채널, 보도전문채널은 매년 방송통신위원회로부터 방송평가를 받는다. 방송평가는 방송사 재허가·재승인 심사에 활용하기 위해 매년 실시하는 평가로 방송 내용, 편성, 운영 등 전반을 살핀다. 2022년 12월 방송통신위원회는 「방송평가에 관한 규칙 일부개정안」을 공표했다. 개정안에 따르면, 방송통신위원회는 중앙 지상파 TV와 종합편성채널사용사업자에 대한 방송평가 시, 운영 영역에서 '환경·사회·투명경영 관련 이사회 보고 및 환경경영 노력' 항목을 신설하고, 환경·사회·투명경영 관련 이사회 보고 여부 등과 환경경영 목표, 친환경 제작 가이드라인, 친환경 프로그램 편성 등 환경경영 노력을 종합적으로 평가하기로 결정했다(방송통신위원회, 2023.12). 개정된 평가항목은 가점(10점)의 형태로 운영된다(방송통신위원회공고 제2022-94호 참조). 국내 공영방송은 국회로부터 국정감사를 받는다. 그러나 지속가능성 경영평가에 대한 내·외부의 체계적 절차나 준비가 제대로 되어 있지 않은 상태다. 특히 지속가능성 경영평가에서 중요한 것은 지상파 방송사의 지속가능성 경영 정보 공시가 글로벌 기준과 얼마나 일치하는가와 제3자 인증을 통해 해당 정보들의 신뢰도를 확보할 수 있는가인데, 이 부분에 대한 어떠한 진전도 포착되지 않고 있다.

국내 플랫폼 기업들은 오래전부터 윤리경영, 투명경영, CSR 경영, ESG 경영을 준비해왔다. 기업의 규모와 운용이 언론사와 다르고, 오히려 일반기업의 체계와 유사하기 때문에 지속가능성 경영 전략을 앞서 수용했다. 국내 플랫폼 기업의 대표격인 인터넷 포털, SNS, 통신기업들은 ESG 관련 예산편성과 전문인력양성을 지속적으로 추진하고 있다. 각 사들은 사회책임경영보고서, ESG 보고서, 환경보고서 등의 이름으로 지속가능성 경영에 관한 평가 결과를 공시하고 있다.

네이버는 매년 통합보고서(Integrated Report)를 작성하여 네이버의 투자자 및 이해관계자에게 연례 재무·비재무 성과를 통합적으로 보고한다(네이버, 2023.6). 네이버가 1년 동안 행한 재무 및 비재무 영역에서 발생한 위험과 기회를 ESG 성과표, SASB, GRI 기준에 따라 제시하고 있다. ESG 성과표는 과거 3년 동안 네이버가 ESG 영역에서 행한 활동을 수치로 정리한 것이다. 환경 영역의 경우, 용수 사용 현황, 폐기물 및 재활용 현황, 기타 친환경 활동 성과, 환경 법규에 따른 과징금을 공개했다. 사회 영역의 경우, 사회/인적자본(총 직원수, 고용형태별, 직군별, 성별, 연령대별 구분), 다양성 존중(해외사업장, 여성인재, 특별고용 및 마이너리티), 채용 및 이직, 출산휴가 및 육아휴직, 성과평가 및 보상, 구성원 교육훈련, 안전보건, 파트너 관리, 정보보호를 포함하고 있다. 지배구조 영역으로는 내부윤리규정 위반에 대한 조치 건수를 제시하고 있다. 네이버는 SASB 지표에 근거하여 지속가능성 경영 정보도 명기했다. 하드웨어 인프라의 환경영향, 데이터 프라이버시, 광고기준, 표현의 자유, 데이터 보안, 임직원 고용, 포용성 및 성과, 지적재산권 보호 및 경쟁행위와 연관된 사항을 네이버 통합보고서의 관련 정보란에 연결되도록 링크를 만들었다. 네이버는 GRI 지표가 제시한 내용도 병기했다. GRI 지표에서 일반공개 항목에 네이버 관련 일반공개 정보와 중대성 토픽 정보를 제시했다. 주제 항목은 경제(경제적 성과, 간접적 경제 영향, 반부패 정책, 조세 관리), 환경(에너지, 용수취수량, 온실가스 배출량, 폐기물 발생량), 사회(고용, 노동관리, 산업보건서비스, 교육 및 훈련, 다양성과 평등한 기회, 인권 평가, 지역사회, 고객개인정보보호)에 관한 세부 사항을 명기했다. 네이버는 한국표준협회에 의뢰하여 자사 온실가스 배출량 인증을 받았다. 또한 에너지, 디지털화, 의료, 운송 영역의 글로벌 인증기업 DNV에게 제3자 검증을 수행하도록 했다. DNV는 국제인증업무기준(ISAE 3000), GRI 지속가능성보고 표준 등을 반영하여 DNV 지속가능성보고서 검증 프로토콜(VeriSustainTM)과 AA1000AS v3에 따라 Type 1 방법 및 Moderate[4] 수준의 보증 형태로 진행했다. 네이버는 글로벌 표준과 지속가능성 경영 정보 공시기준에 순응하여 자사의 ESG 활동을 보고한 것으로 평가되며, 자사의 ESG 영역에 대한 평가관리가 체계화된 것으로 판단된다.

카카오는 "기술과 사람으로 더 나은 세상을 만들기"를 회사의 존재 이유로 정하고 있다. "사람과 사람 사이, 사람과 기술 사이, 커뮤니케이션을 더 가깝고 더 안전하게"라는 사업 캐치프레이즈답게 ESG에 대한 프레임워크와 관리체계가 글로벌 기준에 맞게 구성되어 있

4 Moderate level의 검증 증거 수집 범위는 High level의 검증보다 낮다. Moderate 수준의 검증은 사업장의 원 데이터를 직접 확인하는 것이 아니라 취합된 데이터에 초점을 맞춘다.

다. 카카오는 매년 ESG 보고서를 발간하고 있다(카카오, 2023.8.14). 카카오 ESG 보고서의 환경 영역은 환경경영 체계 관리(환경방침, 환경경영 전담조직, 환경경영시스템, 환경투자, 환경목표 관리), 기후변화 대응(2040 Net Zero Roadmap에 따라 Scope 1, 2, 3영역에서 온실가스 배출량 제시), 액티브 그린 이니셔티브(환경문제 해결을 위해 '카카오 안에서', '카카오를 통해', '카카오와 함께'로 정의하고, 직원, 파트너, 이용자 및 사회 구성원 모두가 환경문제 해결에 기여하는 플랫폼 역할 활동 제시) 관련 정보를 공개하고 있다. 사회 영역은 인권경영(인권 리스크 관리, 인권경영 전담조직 신설, 크루 고충처리 제도, 다양성 방침, 직장 내 어린이집 운영, 크루의 출산 · 육아 부담 경감 제도), 크루 가치 증진(인재 채용, 카카오 tech 캠퍼스, 뉴 크루 온보딩 프로그램, 조직장 리더십 프로그램, 실장 이상 리더십 프로그램, 지식 공유 프로그램 운영), 크루 안전 보건(산업안전보건위원회 운영, 임직원 안전보건 및 재해 대응 훈련, 크루 건강 지원제도 운영), 파트너 상생(콘텐츠 제작자와 함께, 이모티콘 창작자 및 예비 창작자 대상 저작권 교육, 브런치 작가 발굴, 카카오 소상공인 프로젝트 운영, 협력사 소통, 공정거래 원칙 준수), 서비스 접근성 강화(베리어 프리 이니셔티브, 디지털 접근성 책임자 선임 및 전담 조직 운영, 카카오페이지 음성 지원 기능 추가, 시각장애인의 간편결제 이용지원 기능 개선), 개인정보보호 및 정보보안(정보보호 조직 운영, 정보보호 인증, 정보보호 정책 및 지침 마련, 투명성 보고서 공개, 어린이와 청소년을 위한 개인정보보호 활동), 기술윤리(증오 발언 근절 활동, 윤리적 이모티콘 창작을 위한 가이드라인, 광고 및 콘텐츠 윤리), 이용자 보호 및 만족도 관리(이용자 보호 정책, 이용자 보호 추진 조직 운영, 이용자 보호 관리 시스템, 카카오 청소년 보호 정책 운영, 이해관계자 소통 채널 확대), 소셜 임팩트 창출 및 서비스를 통한 사회적 기여(카카오 "같이가치" 기부, 산불 피해 긴급 모금, 우크라이나 긴급 모금, 국내 저소득 가정 아동 자립 지원 사업, 해외 아동 교육 지원

사업, 소외 청소년 IT 교육 사업 운영, 제주 지역 파트너와의 협력, 교통 약자 이동권 보장)가 있다. 지배구조 영역은 주주 친화 경영, 이사회 구성, 이사회 운영 효율성 및 사회 이사 평가, 이사회 보상 등을 공개하고 있고, 리스크 관리 체계를 강화하기 위해 전담 리스크 관리 조직을 운영하고 있다. 윤리경영 및 컴플라이언스에 따라 공동체 법무 테이블을 운영하고, 내·외부 상담/신고제도 및 제보자 보호 원칙을 운용하고 있다.

카카오는 기업의 지속가능성 목표, 추진 조직, 관리체계, 프로그램, 활동 및 성과를 공개하기 위해 GRI와 SASB의 Internet Media & Service 산업표준에 따라 지속가능성경영보고서를 공시하고 있고, 재무 부분은 한국 채택 국제회계기준(K-IFRS)으로 작성한다. 또한 TCFD 권고안, UN Global Compact, UN SDGs의 세부 항목 이행 활동을 카카오 ESG 보고서에 담고 있다. 카카오의 지속가능성 경영 정보는 GRI 지표로 볼 때, 일반공개 항목에 조직 관련 일반 내용과 이사회 정보가 제시되어 있다. 주제 항목은 제품 및 서비스 품질 제고, 친환경 제품 및 서비스, 리스크 관리 및 완화 활동, 인권 리스크 관리, 임직원 역량 개발, 기술윤리, 개인정보 보호 체계 수립 및 법규 준수, 공정거래 관행 및 프로그램, 파트너 역량 지원 프로그램, 반경쟁행위 예방 활동이 있다. SASB 대조표에는 하드웨어 인프라의 환경 발자국, 개인정보보호, 광고 표준 및 표현의 자유, 정보보안, 직원채용, 참여 및 성과, 지적재산권 보호 및 반경쟁행위가 있다. 카카오는 TCFD 권고안에 기반하여 기후변화 대응 현황을 공개해서 이해관계자와 소통하고 있다. 카카오는 ESG 보고서에 TCFD 원칙에 맞게 지배구조, 전략, 위험관리, 지표와 감축 목표에 대한 보고서 정보 위치를 제시하고 있다. 또한 카카오의 기후변화와 관련된 리스크

요인 및 기회 요인을 단기, 중기, 장기 기간에 맞게 구분하고 상, 중, 하로 영향 수준을 표기하고 있다. ISSB, UN Global Compact, UN SDGs와 관련된 지표와 카카오의 기여 활동을 설명할 수 있는 보고서 정보 위치를 제시하고 있다. 카카오는 온실가스 및 에너지 검증을 ㈜한국경영인증원을 통해 제3자 독립 검증심사를 실시하고, 로이드인증원(LRQA)과 계약을 맺고 지속가능성경영보고서 검증을 실시했다. 이 검증은 AA1000AS v3를 활용하여 Moderate 수준 및 전문가적 판단의 중요성 기준으로 수행되었고, 범위는 Type 2이다.

국민일보 (2023.8.10). 한국수출 '첩첩산중'...기술경쟁 벅찬데, EU.미국 '환경장벽' 높인다. Retrieved 9/1/2023 from https://news.kmib.co.kr/article/view.asp?arcid=0018551016&code=61141111&cp=nv

네이버 (2023.6), NAVER INTEGRATED REPORT 2022, Retrieved 8/30/2023 from https://www.navercorp.com/navercorp_/ir/sustainabilityReport/NAVER_2022_ESG_KOR.pdf

디지털타임스 (2023.8.8). 코트라 "미국 내 기업 ESG 의무화, 韓에도 영향", Retrieved 9/1/2023 from https://www.dt.co.kr/contents.html?article_no=2023080802109958063006&ref=naver

방송문화진흥회 (2023.6). 2022년도 문화방송 경영평가 보고서, Retrieved 8/10/2023 from https://www.fbc.or.kr/business/mbcestimation

방송통신위원회 (2023.12). 방송평가 규칙 일부 개정안, Retrieved 8/10/2023 from https://kcc.go.kr/tsi/etc/search/search/ASC_integrationsearch.jsp?page=A10010000

우형진 · 유승철 (2015). 국내외 언론사의 CSR 현황과 전망 연구, 지정 2015-03, 한국언론진흥재단.

우형진 · 성용준 · 김용회 (2022). 미디어 기업의 ESG 실천방안, 지정 2022-09, 한국언론진흥재단.

미디어오늘 (2022.12.8). 윤석렬 정부 국정과제 'ESG경영' 방송사 재허가 심사에 가산점 도입, Retrieved 8/10/2023 from http://www.mediatoday.co.kr/news/articleView.html?idxno=307347

미디어오늘 (2023.5.9). KBS 아침마당 한 회 제작에 탄소 얼마나 배출될까, Retrieved 8/10/2023 from http://www.mediatoday.co.kr/news/articleView.html?idxno=310058

KBS (2023.6). 2022 사업연도 경영평가보고서, Retrieved 8/22/2023 from https://padmin.static.kbs.co.kr/nbroad/2023/7/25/1690265351341_nbroad.pdf

카카오 (2023.8.14). 2022 카카오의 약속과 책임, Retrieved 9/11/2023 from https://www.kakaocorp.com/page/responsible/esg

제7장

해외 미디어 기업의 지속가능성 경영

1. 해외 미디어 기업의 지속가능성 경영 상황

해외 주요국의 대표 신문사들은 국내 신문사들보다 더 오래전부터 "outreach"(지역사회봉사)라는 명목으로 사회책임활동, 사회공헌활동, 자선활동, 기부 등을 해오고 있다. 미국의 워싱턴포스트(the Washington Post)의 경우, 146년의 전통 있는 미국 대표 언론사로서 신문사 운영에만 국한하지 않고, 지상파 방송, 잡지, 케이블TV, 교육기관(Kaplan)[1]까지 운영하고 있다. 2013년 아마존(Amazon)의 제프 베조스(Jeff Bezos)가 워싱턴 포스트를 인수한 후, 빅데이터 서비스와 물류 네트워크를 결합시킨 신사업 영역에서 비즈니스를 시도하고 있

1 국제교육서비스업(예: 유학, 어학연수, 외국인 학생 모집, 해외교육 등)을 전문으로 하는 업체

다. 워싱턴포스트는 저널리즘과 미래 혁신을 접목시키기 위한 실험을 끊임없이 시도하고 있다.

워싱턴포스트는 오래전부터 독립적인 커뮤니케이션 부서를 두고, 그 아래 PR 부서와 지역사회관계팀을 운영해오고 있다. 이중 지역사회관계팀이 CSR을 전담하고, 이들은 Washington D.C. 지역을 중심으로 예술과 교육에 초점을 맞춘 비영리단체와 협업하고 있다. 특히 차세대 저널리스트 육성 사업에 앞장서고 있고, 최근 들어 ESG 분야로 지속가능성 경영을 강화하고 있다.

뉴욕타임스(the New York Times)는 미국 언론계의 전통적인 리더이자 디지털 혁신에 성공한 언론사의 상징으로 간주되고 있다. 2014년 5월 버즈피드(Buzz Feed)에 「뉴욕타임스 혁신보고서」(New York Times Innovation Report)가 공개되면서 디지털 환경에 적극적으로 적응하고 새로운 저널리즘의 영역을 개척하는 선구자적 시도를 과감하게 추진하고 있다는 평가를 받았다. 장기간 '환경', '교육', '장학', '기금모금'을 중심으로 사회책임활동을 전개해오다가 최근 들어, 자사 홈페이지[2] 회사 소개란에 ESG 사이트를 만들고, 뉴욕타임스의 환경, 사회, 지배구조에 대한 지속가능성 경영 정보를 공시하고 있다.

영국의 대표적인 일간지 가디언(The Guardian)은 매우 강력한 지속가능성 경영 철학을 가지고 있다. 가디언은 스콧 트러스트(Scott Trust) 재단이 소유 및 운영하는 가디언미디어그룹(GMG) 산하 언론

2 Retrieved 9/1/2023 from https://www.nytco.com/environmental-social-and-governance/

사다. 가디언미디어그룹은 일간지 가디언 이외에 매주 일요일 주간 신문 옵저버(The Observer)를 발행하고 있다. 가디언은 개방형 저널리즘을 지향하는데, 2011년 디지털 우선(digital first) 전략을 채택하여 '참여', '개방', '공유'라는 개념을 미디어 분야에 적용하고 있다(우형진 · 유승철, 2015). 정직(Honesty), 진실(Integrity), 용기(Courage), 공정(Fairness), 독자와 공동체에 대한 의무감(A sense of duty to the reader and community)을 주요 기업가치로 삼고 있다. 특히 가디언 이사회는 자사 1년 예산편성에서 기업의 사회적 책임 부분을 가장 우선순위로 승인함으로써 기업의 지속가능성 쟁점과 언론 비즈니스 기업 정체성 사이에서 발생하는 불일치를 줄이려 노력하고 있다.

가디언처럼 지속가능성 경영을 충실히 수행하는 해외 언론사들도 있지만 다수의 해외 신문사들은 그렇지 못한 형편이다. 주요 신문사를 제외하고, 규모가 작은 신문사들은 자신의 설립목적, 경영전략, 사회공헌활동을 일관성 있게 구현하고, 해당 활동을 글로벌 표준에 맞게 측정, 평가, 환류하여 공시하는 지속가능성 경영 의지가 없는 편이다. 대부분 해외 신문사들은 국내 신문사와 마찬가지로 의미있는 지속가능성 경영을 하고 있다고 보기 어렵다.

해외 주요 지상파 방송사들은 기후변화와 탄소중립 이슈에 대해 심각하게 생각하고 ESG에 대해 다양한 방식으로 접근하고 있다. 영국 BBC는 세계에서 가장 전통 있는 공영방송사다. BBC는 공익, 유익한 정보, 교육, 엔터테인먼트 부문에서 고품질 결과물과 서비스를 제공하여 영국 국민에게 봉사하는 것을 목표로 삼고 있다. BBC는 영국 왕실로부터 칙허장을 받아 공적 책무를 수행하고 있다. '시민정신과 시민사회', '교육과 학습 장려', '창의성 및 문화적 우수성 장려',

그리고 '영국과 세계를 연결하는 것'을 자신의 공적 책무로 간주한다. 2003년 BBC는 자사의 경영전략 중 하나로 CSR을 정하고 'CSR 센터'를 설립했다. BBC는 CSR 전략 실현을 위해 봉사팀을 구성하여 2년마다 BBC 이해관계자들을 대상으로 CSR 평가를 실시하고 있다(우형진 · 유승철, 2015). 최근 들어 BBC는 환경, 사회, 지배구조 영역에서 지속가능성 경영 체계화에 박차를 가하고 있다.

미국 FOX TV는 1986년 미디어 재벌 루퍼드 머독(Rupert Murdoch)이 설립한 민영방송사다. FOX TV는 자사의 기업경영 전략을 '지역사회', '보호', '사람', '환경', '비즈니스'로 정하고, 각 분야에 대한 활동을 「FOX 사회책임보고서」에 공개하고 있다. 구체적으로 창의성과 예술(Creativity & the Art), 스포츠와 웰빙(Sports & Well-being), 지식과 교육(Knowledge & Education), 지속가능성(Sustainability), 다양성(Diversity)을 강조하고 있고, 환경보호, 지속성장, 행동고취에 중점을 두어 지역사회 발전을 도모하고 있다.

NHK는 거의 100년의 역사를 지닌 일본의 공영방송사다. NHK는 1925년 라디오 방송을 시작으로 창립했고, 1953년 텔레비전 방송을 송출한 지 70년이 넘은 일본의 대표적인 방송사다. NHK의 설립 목적은 일본 사회의 "안전 및 보안 지원", "새로운 시대를 위한 도전", "폭넓은 소통", "사회공헌"이다. 일본 사회는 대규모 자연재해가 많은 국가로서 재해, 환경문제, 전염병으로부터 일본 시민을 보호하는 것을 매우 중요하게 생각한다. 공영방송 NHK는 사회적 열망에 부응하기 위해 지자체 및 타 언론과 협력하여 평소 재난을 대비하고, 대규모 재해가 발생하더라도 재해 관련 정보와 방송 서비스가 안정적으로 제공될 수 있도록 방송통신시스템을 관리한다. NHK는 최신기술을 활용하여 합리적인 비용으로 고품질 콘텐츠를 제공하고, 국가 기간방송사로서 파편화되고 다층적인 사회를 통합하는 것을 중요하게 생각한다. NHK는 전국 네트워크를 활용하여 지역사회 발전에 공헌하고 NHK가 다루는 정보와 데이터가 공공재로 활용될 수 있도록 일반에 대한 개방에 노력을 기울이고 있다. 특이한 점은 사회공헌을 외부 이해관계자에 대한 자선활동보다 내부 이해관계자들에 대한 복무·처우개선 활동에 초점을 맞추고 있다는 점이다. NHK는 민영방송사와 이원 체계를 유지하는 일본의 방송산업 시스템을 지속시키고자 NHK가 개발한 기술과 지식을 이들과 공유하고, 일본방송문화를 발전시키는데 중심을 두고 있다. 그러나 지속가능성 경영 측면에서 일본 공영방송 NHK는 현재까지 ESG에 대한 명확한 계획과 비전을 제시하지 못하고 있고, ESG와 NHK 공적 책무 간의 관계를 연결하지 못한 것으로 판단된다.

미국 플랫폼 기업들은 ESG에 대한 지속가능성 경영을 체계적이면서 동시에 글로벌 표준에 맞게 실현하고 있다. 이들 중 넷플릭스(Netflix)는 지속가능성 경영의 선두 주자이며, 미디어 기업의 지속가능성 경영 관련 좋은 사례로 많이 소개되고 있다. 넷플릭스는 2019년부터 「Netflix Environmental, Social & Governance Report」를 정기적으로 발간하고 있다. 넷플릭스의 경영 방침은 "다양한 장르와 언어를 통해 최고의 스토리로 세상을 즐겁게 한다"이다. 넷플릭스가 말하는 즐거운 세상은 인간이 행복하게 살아갈 수 있는 지속가능한 세상, 즉 환경의 지속가능성이다. 넷플릭스는 인간의 행복이 지속될 수 있는 토대를 마련하기 위해 그들의 기업 행위에서 ESG가 실현되도록 모든 분야를 점검하고, 해당 내용을 이해관계자들에게 공개한다.

글로벌 미디어 공룡 구글(Google)은 모회사 알파벳(Alphabet) 산하의 종합 IT 기업이다. 구글은 검색엔진, 포털사이트, 다양한 플랫폼을 운영하여 광고 수익으로 영업이익을 내고 있다. 구글은 그 어떤 기업보다 가장 방대한 데이터를 보유하고 있고, 가장 많은 사람이 이용하는 검색엔진 서비스 제공업체로서 데이터베이스를 체계화하여 다양한 비즈니스를 구현해냈다. 구글은 일반인들 사이에 "구글링"(Googling)이라는 고유명사가 생길 정도로 일상 그 자체가 되어 버렸다. 구글은 지속가능성 경영을 위해 여러 단위[3]에서 다양한 연례보고서를 발간하고 있다. 구글은 환경보고서(Environment Report), 다양성보고서(Diversity Report), 공급업체책임보고서(Supplier Responsibility Report), 유럽연합NFRD보고서(EU Non-Financial Reporting Directive Report), 현대판 노예제에 반대하는 성명문(Statement Against Modern Slavery)을 매년 발간한다. 구글의 모회사인 알파벳(Alphabet)은 CDP 기후변화대응보고서(CDP Climate Change Response)와 분쟁광물보고서(Conflict Minerals Report)를 정기적으로 발간하고, 구글의 자회사 유튜브(Youtube)도 경제영향력보고서(Economic Impact Report)를 발간하여 그들의 기업 행위를 자세히 공개한다.

3 Google은 자사는 물론이고, 지주회사 Alphabet, 자회사 Youtube 등 다양한 단위에서 ESG 관련 연례보고서를 발간하고 있다.

2. 해외 미디어 기업의 지속가능성 경영 실천 사례

미국 워싱턴포스트는 환경에 대한 활동으로 자사 홈페이지에 기후 종합 사이트[4]를 개설해서 관련 정보를 독자들에게 제공하고 있다. 환경 종합 사이트는 '환경', '날씨', '기후 문제 해결책', '기후 실험실', '녹색삶', '기후 비즈니스' 항목으로 구성되어 있다. 환경(Environment) 사이트는 주로 전 세계 환경에 관한 다양한 뉴스와 일반적인 정보를 제공한다. 미국 하와이 산불재해, 예맨(Yemen)의 폐유조선 환경문제, 엘니뇨 이슈, 열사병, 해수면 상승 등 다양한 환경 관련 세계 이슈를 기사, 기고문, 사설 형태로 게재한다. 날씨(weather)는 현재 시점에서 미국 지역에 필요한 날씨 관련 정보(예: 날씨예보, 허리케인 경로, 현재 기온 등)를 제공한다. 기후 문제 해결책(Climate Solution)과 기후 실험실(Climate Lab)은 기후변화, 기후 온난화, 집중호우 등에 대한 원인과 대처방안을 제시하고, 왜 이런 변화가 일어나는지, 향후 어떤 양상으로 변할지 등에 대한 과학적 예측치를 제시하여 급변하는 기후환경에 필요한 현실 대처 능력을 함양하는데 중심을 두고 있다. 녹색삶(Green Living)은 변화된 기후 속에서 인간이 생존하는데 필요한 건강, 보건, 의료, 음식, 라이프 등에 대한 정보를 제공하고, 생태계 보존, 생물다양성 증진, 지속가능한 삶에 대한 정보를 제공하고 있다. 기후 비즈니스(Business of Climate)는 변화된 기후환경에서 사업을 할 수 있는 틈새시장과 기술을 소개하는 사이트

4 Retrieved 8/22/2023 from https://www.washingtonpost.com/climate-environment/

이다. 전기차, 재생에너지, 대체 식량, 그린워싱(Greenwashing)[5] 등에 대한 정보를 제공하여 기후 관련 비즈니스 가능성을 제시하고 있다.

워싱턴포스트는 사회 영역에서 자사 홈페이지에 '다양성과 포용성'[6], '미디어 홍보 및 지역사회관계'[7], '장애인 접근성'[8] 관련 정보를 공개하고 있다. 다양성과 포용성 사이트는 매해 워싱턴포스트 종사자가 성과 인종에 따라 어떤 직급, 어떤 부서에 근무하는지 실제 통계자료를 제시하고 있다. 임직원 분포는 조직 전체, 뉴스 보도 부서, 경영 부서로 영역을 나누고 성(gender)과 인종(race/ethnicity)별로 구분하여 세세히 제시하고 있다. 미디어 홍보 및 지역사회관계는 PR과 outreach 프로그램 내용에 대한 것이다. 이 중 지역사회관계는 '자선활동'과 '교육자 시상식'이 주요 활동이다. 대표적인 자선활동은 「워싱턴포스트 구호의 손」(the Washington Post Helping Hand)이다. 이 활동은 워싱턴 D.C. 지역에서 빈곤, 기아, 노숙으로 인해 어려움에 빠진 사람들을 구호하기 위한 기부 플랫폼 역할을 한다. 먼저, 컬럼리스트 존 캘리(John Kelly)가 빈곤한 주인공이나 커뮤니티에 대한 글을 게재한다. 이후 독자들이 온라인 기부 사이트를 통해 25달러~1,000달러 버튼을 눌러 기부금을 약정한다. 이 컬럼을 통해서 워

5 그린워싱은 실제는 친환경적이지 않지만 마치 친환경적인 것처럼 홍보하는 '위장환경주의'를 의미한다. 기업이 자사의 환경 파괴적 행위는 숨기면서 일부 친환경적으로 보이는 재활용품 이용, 나무 심기, 녹색경영 선언 등을 강조하여 소비자를 속이는 행위를 말한다.

6 Retrieved 8/22/2023 from https://www.washingtonpost.com/pr/2023/07/27/workforce-demographics/

7 Retrieved 8/22/2023 from https://www.washingtonpost.com/public-relations/

8 Retrieved 8/22/2023 from https://www.washingtonpost.com/accessibility/

싱턴포스트는 기부자와 빈곤계층 간 연결고리 역할을 한다〈그림 7-1〉.

워싱턴포스트의 교육자 시상식은 두 부문으로 나누어 시행되고 있다. 첫째, 교사 부문 시상은 창의성, 우수성, 모범이 되는 일반교사를 선발하여 시상한다. 둘째, 교장 부문의 경우, 학생들을 위해 특별한 교육환경을 조성한 학교 교장을 대상으로 수여하는 시상식이다.

〈그림 7-1〉 워싱턴포스트 "Helping Hand"

The Washington Post
Democracy Dies in Darkness

A unique class teaches the seemingly powerless how to make changes

Perspective by John Kelly
Columnist
December 21, 2022 at 5:42 p.m. EST

Clockwise from right: Chearie Phelps-El, Martin Smoot, Alice Scales (with dog Diamond), Shana Potter, Joan Williams and Patricia Harris. (Photos by John Kelly/The Washington Post)

출처: Retrieved 8/22/2023 from https://www.washingtonpost.com/dc-md-va/2022/12/21/bread-for-the-city-terrance-moore/

장애인 접근성 사이트는 시각 및 청각장애인들이 워싱턴포스트 웹사이트와 모바일앱 콘텐츠에 쉽게 접근할 수 있도록 기술을 개발하고, 색상의 비율을 조정하며, 콘텐츠 디자인과 장애인에게 편리한 키보드 작동법 등을 지원한다. 이 사이트는 장애인들을 위한 일종의 편의 제공이라고 할 수 있다.

워싱턴포스트의 지배구조 영역은 주로 '뉴스룸 정책과 규칙'[9]에 집중하고 있다. 뉴스룸 정책과 규칙 사이트는 윤리규정, 팩트체킹 규정, 정정보도 규정, 취재원 보호 규정, 다양성 규정을 제시하고, 자사 종사자들의 규정 준수를 요구하고 있다.

뉴욕타임스는 자사 소개 사이트에 ESG 섹션[10]을 따로 구분하고, 환경, 사회, 지배구조 영역에서 뉴욕타임스가 실천하는 다양한 활동을 소개하고 있다. 먼저, 환경 영역에서 뉴욕타임스는 2019년과 2022년 지속가능발전의 온실가스 프로토콜을 위한 세계원천연구원 및 세계비즈니스위원회가 만든 온실가스 배출기준[11]에 입각하여 자사의 탄소배출량을 측정했다. 2023년 뉴욕타임스는 2030년 말까지 Scope 1과 Scope 2에서 2019년 대비 탄소배출 zero 목표를 설정했다. 뉴욕타임스는 타 언론사의 환경 영역 활동과 달리 지속가능성 경영 계획과 절차에 맞게 실질적인 뉴욕타임스의 탄소배출량을

9 Retrieved 8/22/2023 from https://www.washingtonpost.com/policies-and-standards/

10 Retrieved 8/22/2023 from https://www.nytco.com/environmental-social-and-governance/

11 the World Resources Institute and the World Business Council for Sustainable Development's Greenhouse Gas Protocol: A Corporate Accounting and Reporting Standard

측정하고, 기간에 맞춰 탄소배출량을 감소시켜 궁극적으로 탄소배출 zero 상태를 만들겠다는 청사진을 제시했다.

뉴욕타임스는 사회 영역에서 7가지('DEI', 'CSR', '구제자를 위한 기금', '교육 이니셔티브', '뉴욕타임스 대학 장학금 프로그램', '저널리즘을 위한 캠페인', '공급처 관계') 부문에 대해 매우 중요하게 생각하고, 이에 대한 구체적인 활동을 공개했다. DEI의 경우, 매년 「다양성과 포용성 연례보고서」를 발간하여 뉴욕타임스 내의 인종과 젠더 등에 대한 상황을 직급별로 제시했다. 구제자를 위한 기금은 9개 비영리단체를 지원하고 있다. 뉴욕타임스는 기부를 원하는 사람들이 쉽고 간편하게 도움이 필요한 사람들에게 기부할 수 있도록 온라인상에서 크라우드 펀딩 "GoFundMe" Campaign 페이지로 이동할 수 있게 링크를 제공하고 있다. 교육 이니셔티브는 언론사답게 자사의 뉴스를 이용하여 뉴스 리터러시 프로젝트, 뉴스룸 펠로우십 프로그램, 인턴십 프로그램을 운영하고, 미국 전체 주의 공립학교를 대상으로 뉴욕타임스 학생 장학금 프로그램을 운영하고 있다. 저널리즘을 위한 캠페인은 언론자유를 위해 희생하는 비영리 저널리즘 단체나 해외의 언론자유를 수호하는 기자들을 위해 기금모금 행사를 진행하고 있다. 공급처 관계는 협력사나 하청업체와 긴밀한 커뮤니케이션을 유지하면서 공정성, 진실성, 투명성 원칙에 따라 불공정거래를 지양하고 협력적 자세를 취하려 한다. 이를 준수하기 위해 다양한 임무와 가치 관련 규칙들을 제정했다.

뉴욕타임스의 지배구조 관련 활동은 간략하게 두 가지를 제시하고 있다. 첫째, 이사회 관련 정보 공개, 둘째, 지배구조 관련 각종 원칙, 정책, 전략에 대한 공개이다.

영국 가디언은 2023년 6월 「2021-2022 긍정적 영향과 지속가능성 보고서」(Positive Impact and Sustainability Report)와 2022년 9월 「형평성 보고서」(Equality Report 2022)를 발간했다(The Guardian, 2023; The Guardian, 2022). 2021-2022 긍정적 영향과 지속가능성 보고서는 'Environmental sustainability', 'Our people', 'Impact on our readers', 'The Guardian as B Corporation'으로 구성되어 있다. 가디언은 환경 영역에서 주요한 성과를 냈다. 2022년 현재 2019년 기준 온실가스 배출량을 30% 감축하여 2020년 가디언이 세운 온실가스 감축 목표에 근접했다. 가디언의 온실가스 배출 측정 결과, 인쇄 비즈니스(71%), 디지털 생산물(11%), 사무실 운영(8%), IT 기기 사용(6%), 출장(3%), 종사자 출퇴근(1%)으로 나타났다. 가디언은 인쇄 신문 제작, 잡지 제작, 그 밖의 인쇄물 포장을 친환경적으로 변화시켜 온실가스 배출량을 획기적으로 감축시키는 조치를 선언했다. 가디언 종사자 영역은 종사자들의 다양한 의견과 활동, 다양성과 포용성, 젠더와 인종차별 금지에 대한 실천을 담고 있다. 종사자 복지 및 처우, 장애인 편의 제공, 정신건강, 리더십 능력 배양 등에 대한 각종 프로그램을 운영하고 있다. 특히, 「형평성 보고서」는 영국, 미국, 호주에 위치한 가디언 남녀 종사자 간 급여 격차를 줄이고, 남녀 간 직급의 차이도 함께 줄이는 정책을 채택하고 있다고 밝혔다. 가디언은 인종에 따라 급여와 직급 격차에 대한 부분도 조사하여 격차를 줄이려는 노력을 기울이고 있다. 다양성과 포용성, 특히 성별과 인종에 따른 급여 및 직급의 격차 통계를 투명하게 공개하고, 시정사항에 대한 향후 계획을 공개했다. 독자 보호에 관한 부분은 독자의 기사 제작 참여와 독자 개인정보보호를 위한 노력을 자세히 설명했다.

〈그림 7-2〉 가디언의 성별에 따른 급여 차이

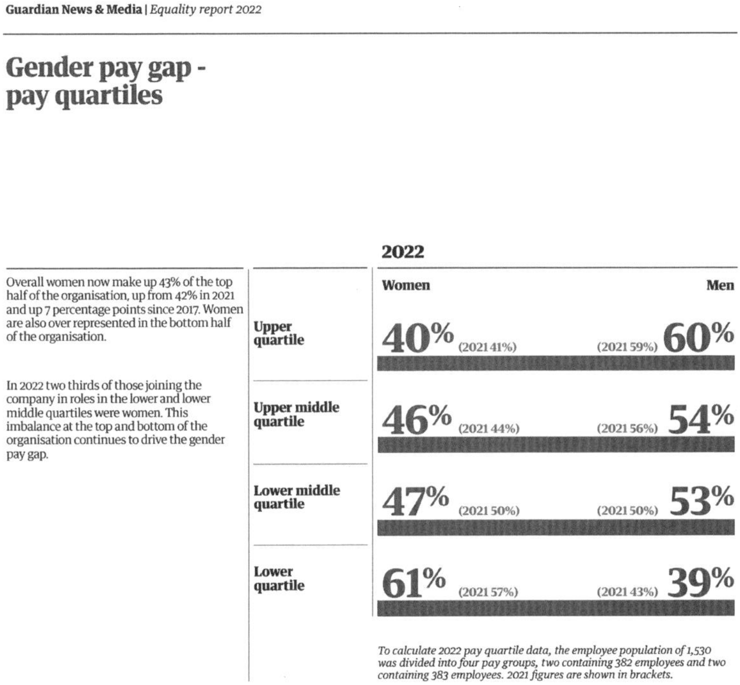

출처: The Guardian(2022). 가디언 「EQUALITY REPORT 2022」, p.7.

B Corp[12] 가디언 부분은 가디언이 환경, 종사자, 지배구조, 지역사회, 독자 영역에서 세상에 선한 영향력을 미치는 다양한 정책을 실현하여 B Corp 상위등급을 받겠다는 의지를 천명하고 있다.

12 B Corp은 비영리 네트워크 B Lab이 인증하는 기업 평가체계이다. 이 평가체계는 기업이 얼마나 재무적 성과와 사회적 성과를 균형있게 추구하고, 자신의 기업 행위로 인해 더 나은 사회를 만들려는 의지가 있는지 여부를 판단하게 해준다. 기업은 B Impact Assessment를 통해서 자사의 5가지(지배구조, 종사자, 지역사회, 환경, 독자) 영역에 대한 평가를 받는다.

2023년 BBC는 「BBC 그룹 연례보고 및 회계 2022/23 보고서」(BBC Group Annual Report and Accounts 2022/23)를 발간했다(BBC, 2023). 이 보고서는 BBC 관련 각종 실행보고서(예: 근무지 다양성 및 포용성, 형평성 정보, 급여 격차, 환경 지속가능성, 자선활동, 파트너십 및 협력)의 주요 내용을 포함하고, BBC 지배구조와 재무상태에 대한 다양한 정보들이 담겨 있다.

환경 부문에서 BBC는 자사의 탄소배출 zero 목표를 재확인하고, 지난 1년간 Scope 1과 Scope 2에서 총 13%의 탄소배출량 감축에 성공했다고 밝혔다. BBC의 총 탄소발자국 통계는 공급망(68%), 출장(12%), 당사 건물 연료 및 전기 운영(6%), 설비와 기구(5%), 면허(4%), 프랜차이즈, BBC 스튜디오 운영(4%), 종사자 출퇴근(3%), 투자(2%)로 나타났다. 환경보고 섹션은 BBC 운영에 대해 TCFD 기준에 따라 기후 관련 위험과 기회를 단기, 중기, 장기 형식으로 표기했다. 더불어 2019년 이후 BBC가 계속해서 측정한 에너지, 연료, 폐기물 관련 데이터를 공개하여 BBC의 환경 관련 노력을 연도별로 비교하여 제시했다.

BBC는 사회 영역에서 가장 우선적으로 5가지 공적 책무를 명확히 밝히고, 그에 적합한 BBC 활동을 제시했다. BBC의 공적 책무는 첫째, "국민들이 세계를 제대로 이해할 수 있도록 편견없는 뉴스와 정보를 제공한다." 둘째, "모든 세대에게 교육을 지원한다." 셋째, "높은 창의성, 고품질 그리고 구별되는 결과물과 서비스를 보여준다." 넷째, "영국 연방의 다양한 공동체를 반영하고, 재현하고, 서비스를 제공하며, 그렇게 함으로써 영국 전체의 창의적 경제를 지원한다." 다섯째, "영국의 문화와 가치를 전 세계에 알린다" 이다. 영국을 대표하는 공영방송으로서 언론사, 콘텐츠 제작사, 기간 방송사 역할과 의무를 다할 것을 방송 콘텐츠 제작, 운영, 관리 측면에서 자세히 공개했다. 특히 영국을 구성하는 웨일스, 스코틀랜드, 북아일랜드, 잉글랜드의 문화, 가치, 삶을 BBC가 제작하는 모든 콘텐츠에 담아내겠다는 의지를 적극적으로 표명했다. BBC는 실행보고서에서 수신료를 비롯한 재무상태 정보를 자세히 제공했다. BBC는 상업적 수익을 담당하는 BBC Studios와 BBC Studioworks의 EBITA[13]를 공개함으로써 공영방송의 상업 재원에 관한 재무상태를 투명하게 밝히고 있다. BBC는 실행보고서에서 종사자의 근무환경, 경험, 인권, 교육 등에 대한 현 수준을 제시하고, 직급에 따른 연봉을 공개하고 있다. 특히 급여에 있어서 성별, 인종, 장애, 성소수자, 비정규직의 급여 평균값(mean)과 중위수 값(median)을 제시하여 정확한 급여 차이를 밝히고 있다. BBC는 새로운 기술과 신규 채널 및 서비스를 개시하기 전에 "공익성 검사"(Public Interest Test Consultation)를 받도록 했다. 이 검사는 BBC가 영국 공공서비스에 중대한 변경을 시도할 때 BBC가 추구하는 공공가치가 경쟁사나 시장에 미치는 부정적 영향보다 크다는 것을 입증하도록 했다. 광범위한 시청자 조사, 경제 분석, 유관기관과 협의를 거쳐 BBC의 새로운 시도가 공익성 검사기준을 충족했을 경우만 해당 계획이 실현되도록 하여 BBC의 공적 책무의 질이 낮아지지 않도록 했고, BBC의 시도로 인해 상업 시장에서 왜곡이 일어나지 않도록 했다. BBC는 다양한 방식으로 자선활동을 하

13 이자, 세금, 감가상각비, 무형자산상각비 차감 전 이익(Earnings Before Interest, Tax, Depreciation, and Amortization, EBITA)

고 있다. BBC는 "BBC Children in Need"와 "BBC Media Actions" 프로젝트를 통해 영국의 빈곤한 어린이 45만 명의 삶을 개선했고, 1,800개 지역 자선단체와 협업하고 있다. 또한 BBC 국제 자선활동인 BBC Media Actions는 23개 저개발 국가들의 차별금지, 불평등 해소, 건강증진, 자연보호를 위한 지원을 하고 있다. BBC는 "Digital and online partnership"과 "High-impact creative partnership"을 통해 BBC 협력업체와 동반성장을 추구하고 있다.

BBC는 지배구조에 대한 정보를 구체적으로 공개했다. BBC는 이사회를 구성하는 12명 이사 전체에 대한 상세한 정보와 누구로부터 임명되었는지 임명권자와 절차를 공개했다. BBC 이사회(The Board)는 산하 임명위원회(Nomination Committee), 보수위원회(Remuneration Committee), 편집 규정 및 표준위원회(Editorial Guidelines and Standards Committee), 회계감사 및 위기관리위원회(Audits and Risk Committee), 공정거래위원회(Fair Trading Committee), 국가위원회(Nations Committee), 상업이사회(Commercial Board)를 운영하고 있고, 사무총장(Director-General) 산하에 집행위원회(Executive Committee)와 스튜디오집행 위원회(Studios Executive Committee)가 있으며, 집행위원회 산하에 실행위원회(Operations Committee), 디지털리더십위원회(Digital Leadership Committee), 차세대위원회(Next Generation Committee)가 있다. BBC는 기업규정준수 및 지배구조 보고서를 통해서 윤리강령, 법 준수, 규정 등을 상세히 설명했다. 특히 보수보고서(Remuneration Report)는 BBC 전체 이사진과 집행위원회 위원의 개인별 기본급, 세금공제, 연금, 성과보수까지 자세히 공개하고 있다〈그림 7-3〉.

〈그림 7－3〉 BBC 이사회 이사진 급여 상세 내역 공개

BBC Board (audited)
Details of remuneration received (values in £000s)

	Appointment term start date	Appointment term end date	Year	Base pay[1]	Taxable benefits[2]	Pension related single figure	Performance related	Total
Non-executive directors								
Richard Sharp[3]	16/02/2021	27/06/2023	**2022/23**	**£160**	**£12**	**£0**	**£0**	**£172**
			2021/22	£160	£7	£0	£0	£167
Shumeet Banerji	07/01/2022	31/12/2025	**2022/23**	**£33**	**£0**	**£0**	**£0**	**£33**
			2021/22	£8	£0	£0	£0	£8
Damon Buffini	01/01/2022	31/12/2025	**2022/23**	**£38**	**£0**	**£0**	**£0**	**£38**
			2021/22	£8	£0	£0	£0	£8
Shirley Garrood	03/07/2019	02/07/2023	**2022/23**	**£38**	**£0**	**£0**	**£0**	**£38**
			2021/22	£38	£0	£0	£0	£38
Robbie Gibb	07/05/2021	06/05/2024	**2022/23**	**£43**	**£0**	**£0**	**£0**	**£43**
			2021/22	£38	£0	£0	£0	£38
Muriel Gray	03/01/2022	02/01/2026	**2022/23**	**£38**	**£0**	**£0**	**£0**	**£38**
			2021/22	£9	£0	£0	£0	£9
Tanni Grey-Thompson[4]	03/04/2017	31/12/2021	**2022/23**	**£0**	**£0**	**£0**	**£0**	**£0**
			2021/22	£25	£0	£0	£0	£25
Ian Hargreaves	03/04/2017	02/04/2023	**2022/23**	**£38**	**£0**	**£0**	**£0**	**£38**
			2021/22	£38	£0	£0	£0	£38
Tom Ilube[5]	03/04/2017	30/06/2021	**2022/23**	**£0**	**£0**	**£0**	**£0**	**£0**
			2021/22	£10	£0	£0	£0	£10
Steve Morrison[6]	03/04/2017	02/01/2022	**2022/23**	**£0**	**£0**	**£0**	**£0**	**£0**
			2021/22	£29	£0	£0	£0	£29
Nicholas Serota[7]	03/04/2017	02/04/2024	**2022/23**	**£38**	**£0**	**£0**	**£0**	**£38**
			2021/22	£38	£0	£0	£0	£38
Elan Closs Stephens[8]	20/07/2017	19/01/2024	**2022/23**	**£43**	**£0**	**£0**	**£0**	**£43**
			2021/22	£43	£0	£0	£0	£43
Total non-executive directors			**2022/23**	**£469**	**£12**	**£0**	**£0**	**£481**
			2021/22	£444	£7	£0	£0	£451
Executive directors								
Tim Davie[9]	01/09/2020	n/a	**2022/23**	**£525**	**£3**	**£0**	**£0**	**£528**
			2021/22	£494	£2	£26	£0	£522
Charlotte Moore[10]	01/09/2020	31/08/2024	**2022/23**	**£442**	**£2**	**£29**	**£0**	**£473**
			2021/22	£425	£2	£39	£0	£466
Leigh Tavaziva[11]	01/02/2021	31/01/2025	**2022/23**	**£417**	**£0**	**£0**	**£0**	**£417**
			2021/22	£400	£0	£0	£0	£400
Fran Unsworth[12]	01/04/2019	27/01/2021	**2022/23**	**£0**	**£0**	**£0**	**£0**	**£0**
			2021/22	£280	£2	£0	£0	£282
Deborah Turness[13]	05/09/2022	04/09/2024	**2022/23**	**£233**	**£0**	**£0**	**£0**	**£233**
			2021/22	£0	£0	£0	£0	£0
Total executive directors			**2022/23**	**£1,617**	**£5**	**£29**	**£0**	**£1,651**
			2021/22	£1,599	£6	£65	£0	£1,670
Total Board			**2022/23**	**£2,086**	**£17**	**£29**	**£0**	**£2,132**
			2021/22	£2,043	£13	£65	£0	£2,121

출처: BBC (2023). BBC 그룹 연례보고 및 회계 2022/23 보고서」, p.93.

BBC는 더 나아가 보도시사국, 라디오, 스포츠 담당 주요 프로그램 책임자와 진행자의 급여 총액도 공개한다〈그림 7-4〉.

〈그림 7-4〉 BBC 개별 프로그램 책임자와 진행자 이름 및 급여 총액 공개

Principal programme	Name	Programme commitments	Pay
News and Current Affairs (continued) *On-air editors and correspondents*	Ros Atkins	Analysis Editor *Outside Source* presentation *Ros Atkins On the Week* *The Media Show* for Radio 4	£260,000-£264,999
	Faisal Islam	Economics Editor Cover for *Newsnight*	£230,000-£234,999
	Jeremy Bowen	Middle East Editor	£230,000-£234,999
	Katya Adler	Europe Editor *Today* presentation	£225,000-£229,999
	Chris Mason	Political Editor (from May 2022) *Any Questions* for Radio 4 (to June 2022)	£225,000-£229,999
	Sarah Smith	North America Editor	£220,000-£224,999
	Fergal Keane	Special Correspondent	£215,000-£219,999
	Simon Jack	Business Editor Cover for *Today* on Radio 4	£210,000-£214,999
	Lyse Doucet	Chief International Correspondent	£205,000-£209,999
	Mark Easton	Home Editor	£195,000-£199,999
	Jonny Dymond	Royal Correspondent *The World This Weekend* on Radio 4 Cover for *PM* and *The World at One* on Radio 4 *World Questions* Radio documentaries and podcasts	£195,000-£199,999
	Orla Guerin	International Correspondent	£178,000-£184,999
	John Simpson	World Affairs Editor *Unspun World with John Simpson*	£178,000-£184,999
Radio BBC Radio 1	Greg James	c. 220 Radio 1 Breakfast Show *Rewinder* on Radio 4 *Radio 1's Big Weekend*	£395,000-£399,999
BBC Radio 2	Zoe Ball	c. 210 editions of *The Zoe Ball Breakfast Show* Radio 2 Terry Wogan tribute	£980,000-£984,999
	Ken Bruce	*Radio 2 Mid Morning Show* *Radio 2 Eurovision* and *PopMaster Special*	£390,000-£394,999
	Steve Wright	c. 120 editions of *Steve Wright in the Afternoon* c. 50 editions of *Sunday Love Songs* c. 10 Radio 2 specials	£360,000-£364,999

출처: BBC (2023). BBC 그룹 연례보고 및 회계 2022/23 보고서」, p.99. 표 내용에서 일부 발췌.

미국 FOX TV는 매년 「FOX FORWARD Corporate Social Responsibility Report」[14]를 발간한다. 2022년 8월 24일 발간된 이 보고서는 '공동체', '사람', '지속가능성', '정책', '데이터' 영역에서 지난 1년간 수행한 FOX TV의 사회책임활동을 공개했다. 공동체의 경

14 Retrieved 8/22/2023 from https://media.foxcorporation.com/wp-content/uploads/prod/2022/08/24150057/FOX-2022-Corporate-Social-Responsibiliy-Report-August-24-2022.pdf

우, 대표적으로 '적십자사를 통한 토네이도 피해자 지원', '911테러 관련 질병 유발 경찰관 및 소방관 지원', 그리고 '우크라이나 전쟁 관련 피해자 지원'에 대하여 각각 100만 달러를 기부했다. FOX TV는 미국 참전용사들에 대한 지원을 적극적으로 수행해오고 있다. FOX TV는 중학생부터 대학생을 대상으로 다양한 형태의 교육 장학금을 지원하고 있다. 사람 영역의 경우, 포용성과 다양성 정책을 통해 인종, 여성, 성소수자 이슈에 대해 열린 문화를 만들려 하고, 마이너리티를 위한 사내 동아리를 지원한다. FOX TV는 종업원에 대한 보상 및 처우 개선, 일과 삶의 균형, 교육 및 훈련, 인권을 사업의 중요한 가치로 삼고 이에 대한 강령 및 규정을 만들었다. 지속가능성은 주로 환경에 관한 내용이다. FOX TV 소유 건물에 대한 친환경 운영, 나무 심기, EHS(Environmental, Health and Safety) 프로그램 운영, 에너지 효율성과 탄소배출감소, 환경 이니셔티브들과 협업을 적극적으로 수행하고 있다. 정책 영역은 기업운영강령, 기업지배구조, 반부패, 정치행위, 윤리 및 법 준수, 역동적 위험평가, 정치관여, 편집가이드라인 및 방송윤리강령 등을 포함한다. 데이터 영역은 개인정보보호, 정보보안 등에 대한 관리 및 운영 정보를 공개하는 것이다. FOX TV 「사회책임보고서」는 SASB 기준에 따라 미디어 다원성, 저널리즘 진정성 및 후원 부분, 지적 재산권 보호 및 미디어 표절, 미디어 수혜자, 미디어 제작과 홍보 관련 정보가 어디에 위치하는지 FOX TV의 정보공개 부분과 SASB 코드번호를 연동하여 제시하고 있다.

FOX TV는 지배구조에 관한 정보를 「사회책임보고서」에 공개하고 있지 않다. FOX TV는 기업 운영진에 대한 자세한 정보나 이사회 운영에 대한 정보가 지속가능성 경영 정보 수준에서 매우 부족하다.

FOX TV 이사진 정보는 FOX TV 「연례보고서」[15]에 재무상태에 대한 간단한 언급과 함께 이름과 직위만 공개하고 있다.

일본 공영방송 NHK는 지속가능성 경영의 일환으로 UN SDGs와 공동캠페인을 도모하고 있다. 공동캠페인 "1.5도의 약속 - 지금 나아가 기온 상승을 멈추자"에 참여하고 있다. NHK는 유엔이 2030년까지 달성하기로 한 지속가능발전목표(Sustainable Development Goals)의 17개 주제와 세부 169개 주제 달성을 약속했다. "미래의 17개 행동"이라는 제목의 웹페이지를 만들어 UN SDGs에 대한 NHK의 태도와 행동 방향을 설명하고 있으나 구체적으로 어떤 활동을 실제 전개하고 있는지 관련 정보가 부족하다.

NHK는 환경 영역에서 친환경 경영을 실현하기 위해 도쿄 시부야 방송센터에서 전기 사용으로 인해 배출되는 이산화탄소량을 감축하기로 했고, 재생 가능 에너지로 전기를 사용하는 것뿐만 아니라 LED 조명을 비롯한 에너지 절약형 기자재 및 설비를 사용함으로써 전력 사용량을 줄이겠다고 밝혔다. 프로그램 제작에는 세트장에서 3R(Reduce, Reuse, Recycle)을 추진할 예정이다. 이 내용은 「NHK 환경보고서 2022」[16]에 소개되어 있다.

NHK는 사회 영역에서 교육 격차 해소 문제를 중요하게 생각한다. 개인학습을 쉽게 진행할 수 있는 프로그램과 NHK for school 등 디지털 서비스를 강화해서 학생들의 학습을 지원한다. NHK는 다양성

15 Retrieved 8/22/2023 from https://media.foxcorporation.com/wp-content/uploads/prod/2022/09/19142833/FOX-2022-Annual-Report_Final_Web.pdf

16 Retrieved 8/22/2023 from https://www.nhk.or.jp/info/pr/kankyou/assets/pdf/kankyo2022.pdf

과 포용성을 재확인하고, 사회정의실현을 위해 방송과 서비스를 강화한다고 밝혔다. 자사가 제작하는 뉴스와 프로그램을 통해 다양한 현실을 전달하려 한다. 해설방송, 수화방송 등 보편적 서비스를 강화하고, 출연자 선발 시, 젠더, 장애 등으로 인한 다양성 축소를 방지하기 위해 노력하고 있다. NHK는 근무방식 개혁 선언을 기반으로 새로운 업무 스타일로 진화하려는 목표를 가지고 있다. 2017년 12월에 발표한 NHK "근무방식 개혁 선언문"[17]은 장시간 근무 금지, 효율적인 업무방식 추구, 일과 삶의 균형 확산, 다양한 인재가 열심히 일할 수 있는 일터 마련, 개혁 이니셔티브를 확정했다. NHK 지배구조 관련 정보는 NHK 홈페이지 경영정보 섹션에 공개되어 있다. NHK조직 및 거버넌스, 이사진 보수 및 급여, 경영계획, 프로그램 및 인터넷 활용 사업, 위험관리 및 규정 준수, 정보공개 및 개인정보보호에 대해 설명하고 있다.

글로벌 수준에서 영상 콘텐츠 사업을 하는 넷플릭스는 매해 「Environmental, Social, & Governance Report」를 발간한다. 2023년 6월 30일 넷플릭스는 4번째 「Environmental, Social, & Governance Report 2022」[18]를 발간했다. 넷플릭스는 환경 영역에서 '지속가능성 전략', '가치사슬 공급망에서 지속가능성', '탄소배출량 zero 유지', '콘텐츠 내용의 지속가능성', '기후위기' 부문에 대한 활동을 설명했다. 넷플릭스의 지속가능성 전략은 2019년 기준

17 Retrieved 8/22/2023 from https://www.nhk.or.jp/saiyo/about/diversity/

18 Retrieved 8/22/2023 from https://s22.q4cdn.com/959853165/files/doc_downloads/2023/06/29/Netflix_2022-ESG-Report-FINAL.pdf

2030년까지 탄소배출량을 절반으로 감축하는 것이다. 넷플릭스는 Scope 1(연료), Scope 2(전기), Scope 3(공급망)에서 탄소배출 감축 실행방안과 목표를 설정했다. 특히 Scope 3에서 탄소배출량 감축을 위해 SBTi(the Science Based Targets Initiative) 기준을 따르도록 했다. 넷플릭스는 공급망 가치사슬에서 에너지 효율성 향상, 전기자동차 이용, 클린모바일에너지[19] 사용, 재생에너지 사용을 늘릴 예정이다. 넷플릭스의 공급망 가치사슬에서 지속가능성 도모는 온실가스 배출량을 2019년 기준 7만 8,000톤에서 2030년 기준 4만 2,000톤으로 줄이는 효과를 낼 것으로 예상했다. 넷플릭스는 2019년부터 계속해서 자사의 탄소발자국을 측정해오고 있다. 2022년 탄소발자국 측정조사 결과에 의하면, 넷플릭스는 자사 기업행위에 의해 제작 영역(59%), 기업활동(38%), 스트리밍(3%) 부문에서 탄소배출이 있는 것으로 확인했다. 넷플릭스의 탄소배출량 zero 유지 전략은 세계 각지의 탄소배출량 감소를 위한 다양한 프로젝트에 공동협력자로 참여하는 것이다. 넷플릭스는 기후위기 부문에서 TCFD 기준에 따라 기후로 인한 위험과 기회 관련 정보를 제공하고 있다. 칠레, 케냐, 브라질, 방글라데시, 멕시코 등에서 탄소배출 감축 관련 행사(사회적 영향, 지역사회, 생물다양성 등)에 참여했고 탄소배출량 감소 노력에 이바지했다. 넷플릭스는 자사가 제작하는 콘텐츠 속에서 환경 관련 지속가능성이 재현되도록 노력하고 있다. 2022년 현재 1억 6,500만 넷플릭스

19 일반적으로 엔터테인먼트 제작업체는 콘텐츠 제작 시 디젤발전기를 사용하여 전기를 생산해낸다. 화석연료 사용을 줄이기 위해 디젤발전기에서 Grid tie-ins, mobile batteries, battery-hybrid 발전기, 수소연료 발전기로 전환하면 탄소배출을 감소시킬 수 있다.

〈그림 7-5〉 넷플릭스의 지속가능성 재현 콘텐츠

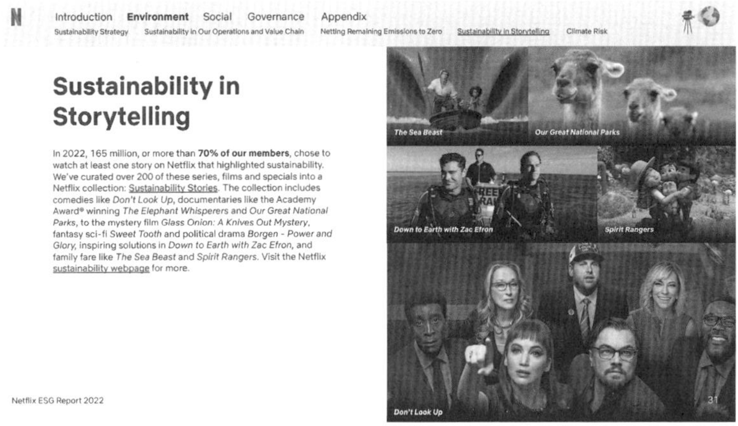

출처: Retrieved 8/22/2023 from https://s22.q4cdn.com/959853165/files/doc_downloads/2023/06/29/Netflix_2022-ESG-Report-FINAL.pdf,p.31.

이용자들에게 지속가능성 관련 200여 편의 시리즈물(예: *Don't Look Up, The Elephant Whisperers, Our Great National Park, Glass Onion: A Knives Out Mystery, Sweet Tooth, Down to Earth with Zac Efron* 등)을 제공하고 있다〈그림 7-5〉.

넷플릭스는 사회 영역에서 포용성과 다양성을 강조하고 있다. 글로벌 기업으로서 성별과 인종에 따른 직원 분포도를 공개하고 있다. 넷플릭스는 다인종 및 다문화를 기업문화로 받아들이기 위해 "Pathways Bootcamp" 프로그램을 운영하고 있다. Pathways Bootcamp 프로그램은 HSI(Hispanic Serving Institutions), HBCU(Historically Black College and Universities), MSI(Minority Serving Institutions)로 확장하여, 프로그램을 수강한 넷플릭스 직원들이 다문화와 세계 가치를 이해할 수 있도록 조치했다. 넷플릭스는 자사 종사원들뿐만 아니라 공급망에 있는 협력업체의 다양성도 중시한다. 협력업체의 다양성을 반영하고 파트너십을 구현할 때 인종적, 문화적 다양성이 배가된다는 사실을 깨닫고, 흑인경제발전기금(the Black Economic Development Fund)을 조성하여 흑인공동체 발전에 기여하기도 했다.

넷플릭스는 지배구조 영역에서 기업 이사진 전체를 공개했다. 넷플릭스 이사회는 임명 및 지배구조위원회, 회계위원회, 보상위원회를 운영하고, 주주가치 제고, 기업의 IP 보호와 데이터보호에 대한 프레임워크를 관장한다. 넷플릭스는 기업 윤리와 법 준수 강령을 만들고, 뇌물과 부패에 대한 엄격한 문화와 규정을 제시하고 있다. 넷플릭스는 ESG 보고서 첨부란에 SASB의 Internet Media & Services와 TCFD 기준과 연관된 정보를 함께 제시함으로써 ESG 보고서가 자사 기준에 의해 만들어진 것이 아니라 글로벌 표준에 맞는 지속가능성경영보고서라는 것을 강조하고 있다.

구글은 「환경보고서 2023」[20]에서 3가지 중점 사안을 밝혔다. 첫째, "사람들에게 능력을 제공한다"(Empowering individuals). 구글맵(Google Maps)은 전 세계 약 10억 명의 사람들에게 친환경적 기회를 제공한다. 가장 효율적인 길 찾기를 통해 1,200만 metric tons의 탄소배출을 감축하고 있다. 이는 연간 약 25만 대의 휘발유 및 디젤 엔진 사용 자동차를 멈추게 한 것과 같은 수준이다. 둘째, "공동으로 대처한다"(Working together). 구글은 전 세계 60개국 이상에서 스타

20 Retrieved 8/30/2023 from https://www.gstatic.com/gumdrop/sustainability/google-2023-environmental-report.pdf

트업 기업을 위한 지속가능발전 프로그램을 지원하고 있고, 전 세계 연구자, 대학, NGO에 기후 관련 자료와 분석 결과를 제공하고 있다. 셋째, "지속가능성을 실행한다"(Operating sustainably). 구글은 2022년 말 미국 캘리포니아주 실리콘 밸리 지역에서 9년 동안 건설한 신사옥 베이 뷰(Bay View) 캠퍼스를 완공했다. 이 신사옥은 지붕 전체를 태양광 패널 9만 장과 지열 파일(pile)로 만들어 무탄소 에너지 건물을 구현했다. 구글은 2018년부터 2022년 사이 매년 자사가 Scope 1, 2, 3영역에서 배출한 온실가스 데이터, 구글 데이터 센터의 무탄소 에너지 운용 비율, 자사의 폐기물, 재활용품, 물소비량 관련 데이터를 공개했다.

구글은 「다양성연례보고서 2023」[21]을 통해 근무지, 제품, 사회, DEI 영역에서 다양성에 대한 자세한 정보를 공개했다. 미국과 해외 근무지에서 인종, 성, 직급, 채용에 대한 분포를 통계 수치로 제공했다. 또한 근무지에서 장애인, 성소수자, 소수민족 동아리에 대해 지원했다. 대한민국 강남 구글 오피스의 경우, 시각장애인을 위한 점자 표지판을 설치함으로써 시각장애인 사원의 편의를 제공하고 있다. 구글은 사회에서 컴퓨터사이언스 교육 격차를 줄이기 위해 노력하고 있다. 미국 전역의 1,100만 학생들에게 2,000만 달러 상당의 컴퓨터사이언스 교육 프로그램을 제공했다. 자사뿐만 아니라 각기 다른 문화적 배경을 가지고 있는 협력업체를 위해 2조 8,000억 달러 상

21 Retrieved 8/30/2023 from https://static.googleusercontent.com/media/about.google/ko//belonging/diversity-annual-report/2023/static/pdfs/google_2023_diversity_annual_report.pdf?cachebust=2943cac

당의 자금을 투입했다. 구글은 허위정보와 혐오 콘텐츠 확산 방지를 위해 노력하고 있다. 예를 들어, 2021년에는 "아세안 디지털 리터러시 프로그램"(the ASEAN Digital Literacy Programme)에 1천 500만 달러 기금을 지원했다. 아세안(the ASEAN)은 이 기금으로 10만 명 이상의 동남아시아인들에게 디지털 리터러시 교육을 제공했다.

구글은 「투명성 보고서」[22]를 통해서 보안 및 개인정보보호, 콘텐츠 삭제 관련 규정을 공개하고 있다. 예를 들어 정부의 콘텐츠 삭제 요청의 경우, 정부 요청이 이루어지는 방식, 요청 평가, 법원 명령, 콘텐츠를 삭제하지 않는 이유 등을 설명하고, 모든 국가/지역에서 2011년부터 접수된 정부의 삭제 요청 건수와 삭제 대상으로 지정된 총 항목수를 공개했다. 콘텐츠 삭제 이유는 대부분 국가안보, 저작권, 명예훼손, 개인정보 보호 및 보안, 규제 상품 및 서비스, 기타로 나타났다.

구글은 지배구조에 대한 보고서를 따로 발간하지 않고, 구글의 지주회사 알파벳(Alphabet)을 통해 자사 지배구조를 설명하고 있다. 알파벳 이사회는 구글 경영을 감독하는 최고의사결정기구다. 알파벳 이사회의 특징을 살펴보면 구글 지배구조에 대한 특성을 파악할 수 있다. 알파벳은 11명의 이사진으로 구성되어 있고, 구글 공동창업자 레리 페이지(Larry Page)와 세르게이 브린(Sergey Brin)이 사내이사로 있다. 알파벳은 이사회의 역할을 규율하는 차원에서 기업지배구조 강령을 제정하고, 이사진의 자사 주식 소유 요건 조항을 마련했다. 즉 알파벳의 사외이사로 선임된 자는 이사 선임일 기준 5년 동

22 Retrieved 8/30/2023 from https://transparencyreport.google.com/

안 최소 100만 달러 상당의 알파벳 주식을 의무적으로 보유해야 한다. 창업자, CEO, 그리고 사내이사의 경우 3,500만 달러 이상의 주식을 보유해야 한다. 이 조항은 고위경영진과 일반 주주의 이익을 일치시켜 이사회의 충실한 경영 감독을 확고히 하는 것이다(The bell, 2023.2.22). 한 마디로 구글은 지배구조 영역에 있어서 주주가치 제고를 우선순위로 삼고 있다. 알파벳 이사회는 산하에 4개 소위를 설치했다. 회계감사 · 준법위원회(Audit and Compliance Committee, ACC), 리더십개발 · 포용성 · 보상위원회(Leadership Development, Inclusion and Compensation Committee, LDICC), 임명 · 기업지배구조위원회(Nominating and Corporate Governance Committee, NCGC), 집행위원회(Executive Committee, EC)를 통해 기업의 지배구조를 확고히 하고 있다. 알파벳이나 구글은 지속가능성 경영 정보에 대한 통합보고서를 만들고 있지 않다. 환경, 사회, 지배구조에 대해 각 보고서를 작성하기 때문에 글로벌 표준을 따르기보다 자사의 기준에 맞춰 자체적으로 지배구조 관련 정보를 공개하고 있다.

3. 해외 미디어 기업의 지속가능성 경영 평가 체계

해외 미디어 기업들은 자사의 지속가능성 경영에 대해 다양한 형식의 평가체계를 도입하고 있다. 과거 미디어 기업의 지속가능성 경영 활동은 대부분 백서(a white paper) 발간, 자사 홈페이지 게재, 보고서 형태로 공개되었다. 유엔 이니셔티브, 글로벌 ESG 공시기준 제정, 각국 정부의 지속가능발전 관련 법 제정, 주식 거래시장에서 지속가능성경영보고서 제출 의무화 등이 이어지면서 미디어 기업들도 공시기준에 맞게 평가체계를 갖추고, 검증과 인증을 받은 지속가능성 경영 정보 공시를 수용하고 있다.

그러나 지속가능성 경영 정보 공시는 기업의 의지만으로 이루어지는 것이 아니다. 미디어 기업이 실제로 지속가능성 경영을 해야 하고, 자신의 기업행위를 측정할 수 있어야 하며, 측정된 내용을 글로벌 표준에 맞게 정리해서 공시기준에 따라 공개한 후, 제3자 인증을 받아야 한다. 사실 이 과정은 오랜 기간 ESG 관련 모든 이해관계자 간의 논쟁과 토론, 갈등과 봉합을 거쳐 이해관계자들 간의 합의에 따라 만들어졌다. 현재 제정된 기업의 지속가능성 경영 정보 평가 및 공시 체계는 여전히 불완전한 상태다. 최종적 공시 체계라고 할 수 있는 ISSB도 환경 이외의 영역은 아직 체계 완성이 이루어지지 못했다. 따라서 각 미디어 기업은 자사의 선택에 따라 CDP, GRI, SASB, TCFD의 기준을 따르고 있고, 어떤 경우에는 글로벌 표준에 근거하지 않고 자사가 정한 기준대로 환경, 사회, 지배구조 영역 활동에 대한 평가정보를 공개하고 있다.

해외 대표적인 신문사인 워싱턴포스트, 뉴욕타임스, 가디언의 경우, 모두 홈페이지에 섹션을 만들고 환경, 사회, 지배구조에 대한 정보를 웹사이트 상태로 공개하고 있다. 환경의 경우, 탄소배출량에 대한 정보를 제공하지만, 어떤 방법과 수단을 통해 해당 탄소발자국을 측정했는지 명확히 표기하지 않고 있다. 예를 들어, 가디언은 종사자 출퇴근(1%), 출장(3%), 사무실 운영(8%)에서 탄소를 배출하고 있다고 표기했는데, 누가, 어디서, 어떤 방법으로 측정하고 계산했는지 밝히지 않고 있다. 또한 2019년부터 2030년까지 온실가스 배출에 대한 목표와 실제 탄소배출감축량을 공개했는데, 무엇을 기준으로 실제 온실가스 배출량을 삼은 것이며 2030년까지 67%의 감축 목표 달성의 타당성은 어떻게 입증할 수 있는지 근거를 제시하지 않고 있다. 대부분의 해외 신문사들은 자사의 환경, 사회, 지배구조에 대한 정보를 여러 수단을 이용해서 공개하고 있으나 그 내용이 자사 홍보 수준에서 벗어나지 못하고, 실제 타사와 비교가능한 정보인지 확인하기도 어렵다. 해외 신문사들은 자사 ESG 활동에 대한 제3자 검증이나 인증을 제대로 하고 있지 않다.

BBC는 자사 지속가능성 경영에 대한 평가체계를 밝히지 않고 있다. 「BBC 그룹 연례보고 및 회계」보고서를 통해서 전략 리포트, 지배구조, 재무상태를 구분하여 공개한다. 지배구조 섹션에 BBC 이사회 산하 여러 위원회 보고서가 공개되어 있는데, 이 중에 공정거래위원회 보고서(Fair Trading Committee Report)의 경우, 영국 규제기관 Ofcom[23]이 제시한 규정에 따라 BBC를 평가한 결과가 있다. BBC 이사회 산하 공정거래위원회(Fair Trading Committee)는 BBC가 공공서비스 영역 이외의 상업적 영역에서 영국 미디어 시장을 왜곡하거나 불공정거래를 하지 않도록 감독한다. 공정거래위원회는 Ofcom의 "거래 및 분리 규제 요구사항"(Trading and Separation requirements)을 기반으로 BBC의 영국 상업방송시장 점유 수준을 평가한다. 또한 딜로이트[24](Deloitte LLP)는 BBC의 공정거래위원회가 제대로 내부

23 Ofcom은 영국의 커뮤니케이션 서비스(TV, Radio, 광대역 인터넷, 유선전화, 무선전화 등)를 관장하는 규제기관이다.

24 딜로이트는 1845년 영국 런던에서 창립한 매출액 기준 세계 1위 회계법인 및 컨설팅 회사다.

통제를 실행하여 공정거래와 상업적 영역의 분리 요구사항을 잘 준수하는지 ISAE 3000 기준에 근거하여 제3자 인증을 한다. 이런 평가와 인증 내용은 BBC의 ESG 활동에 대한 평가라기보다 방송사 경영과 규제기관의 시장점유 관련 규칙 준수 여부를 평가하는 것이기 때문에 자사 혹은 제3자 평가가 있다고 하더라도 지속가능성 경영 평가와는 다르다. 다만 BBC는 환경 부분에서 TCFD 시나리오 분석 결과표를 제시하며, BBC가 단기, 중기, 장기적으로 직면할 수 있는 기후 관련 위험과 기회를 공개하고 있다. 그러나 여전히 BBC의 지속가능성 경영에 대한 제3자 평가기관의 인증은 부재하다.

FOX TV는 SASB의 Media and Entertainment Industry 산업분류 표준 정보 공개 체계에 따라 지속가능성 경영 활동 내용을 공개하고 있다. SASB의 미디어 다원성, 저널리즘 진정성 및 스폰서십, 지적 재산권 보호 및 미디어 표절, 시청자, 미디어 제작 및 출간 관련 사항들을 공시기준에 맞게 제시하고 있다. FOX TV는 자신의 사회책임활동, ESG 활동, 공유가치접근 등을 탄소정보공개프로젝트(CDP), MSCI, Sustainalytics에 입각해서 공개한다고 밝히고 있지만, 어떤 제3의 기관이 해당 내용을 평가하고 인증했는지 밝히지 않고 있다.

NHK는 지속가능성 경영 전반에 대한 글로벌 표준 공시기준 수용이나 평가체계에 대해서 밝히지 않고 있다. NHK는 UN SDGs를 추구한다고 선언적 표현만 하고 있을 뿐 실질적인 지속가능성 경영 활동에 대한 측정, 평가, 공시 체계를 마련하고 있지 않다. NHK는 매우 낮은 수준의 지속가능성 경영 활동을 하고 있다. NHK의 지속가능성 경영 평가나 공시에 대한 부분은 언급할 내용이 없을 정도로 관련 정보가 부재하다.

넷플릭스는 TCFD 지표 및 IPCC의 ESG-Specific Committee of Sponsoring Organizations(COSO)의 프레임워크에 따라 기후 관련 리포트를 제시했다. 넷플릭스는 기후위기 관련 대응 관리체계를 확실히 지정하여 기후위기로 인한 위험에 직면했을 때 대응을 주도하는 조직을 설정해놓고 있다. 넷플릭스의 CFO는 지속가능성 관련 프로그램과 연관된 경영을 감독하고, 내부 감사팀은 기후위기와 관련된 모든 사안을 넷플릭스 이사회와 함께 평가한다. 구체적으로 ESG Data Table, SASB의 Internet Media & Services 지표와 Media and Entertainment 지표, TCFD 지표, 온실가스 관리 방법론(Greenhouse Gas Emissions Inventory Methodology), 탄소신용프로젝트검사기준(Carbon Credit Project Screening Criteria)으로 자사의 지속가능성 경영 활동을 제시했다. 넷플릭스는 다양한 지속가능성 경영 공시기준에 준거하여 자사의 ESG 활동을 공개하였으나 제3자 인증이 부재하다. 넷플릭스 보고서의 관련 정보들을 미국 증권거래위원회(SEC)에 제출한다고 밝혔지만 제시된 지속가능성 경영 정보에 대한 제3자 평가나 인증 정보는 발견하지 못했다.

구글의 다양성 보고서는 자사의 기준에 따라 정보를 공시했다. 구글의 다양성, 포용성, 형평성 관련 정보는 지속가능성 경영의 글로벌 표준이나 공시체계를 따르지 않았다. 환경보고서의 경우, 탄소공개정보프로젝트(CDP), TCFD, SASB에 근거하여 관련 정보를 제시하고 있다. 환경 영역에서 일반공개사항, 기후변화, 물, 광물, 자연과 생물다양성, 공급망에 대해 글로벌 표준에 근거하여 정보를 제시했는데 주로 CDP 기준을 따르고 있다. 구글의 기후변화와 물 관련 지속가능성 경영 활동은 주로 TCFD와 SASB 표준에 따라 공개했다. 구글은 지속가능성 경영 정보 측정을 자사 경험, 이용 가능한 자사 정보, 다양한 자기 추정에 따랐다고 밝혔다. 즉 구글의 환경보고서에 있는 정보는 자의적 판단에 근거했다는 점을 고백한 것이다. 그러나 구글의 지속가능성 경영 정보 가운데 온실가스배출, 에너지, 그리고 물 관련 정보는 Ernst & Young LLP에서 검증을 했다. 특히 온실가스배출 부분은 Climate Action Reserve(CAR), American Carbon Registry(ACR), Verified Carbon Standard(VCS), the UNFCC Clean Development Mechanism의 인증을 받았다고 밝혔다.

참고문헌

우형진 · 유승철 (2015). 국내외 언론사의 CSR 현황과 전망 연구, 지정 2015-03, 한국언론진흥재단.

우형진 · 성용준 · 김용희 (2022). 미디어 기업의 ESG 실천방안, 지정 2022-09, 한국언론진흥재단.

BBC (2023). BBC 그룹 연례보고 및 회계 2022/23 보고서, Retrieved 8/22/2023 from https://assets.publishing.service.gov.uk/government/uploads/system/uploads/attachment_data/file/1169710/BBC_annual_report_and_accounts_2022_to_2023.pdf

The bell (2023.2.22). 사외이사 'CFO출신' 주목한 구글, '학계중심' 네이버, Retrieved 8/22/2023 from http://www.thebell.co.kr/free/Content/ArticleView.asp?key=202302150919348040101616&svccode=04

The Guardian (2022). Guardian News & Media/Equality report 2022, Retrieved 8/22/2023 from https://uploads.guim.co.uk/2022/09/08/GNM_Equality_report_2022_2.pdf

The Guardian (2023). Positive Impact and Sustainability Report 2021-2022, Retrieved 8/22/2023 from https://uploads.guim.co.uk/2023/06/01/Sustainability_Report_FINAL.pdf

제8장

국내 미디어 기업에 적합한 지속가능성 경영 정보 체계

1. 미디어 기업의 지속가능성 경영 지표

지표(indicator)란 어떤 대상의 추상적인 상태를 측정 가능(can be measurable) 또는 검증 가능(can be testable)하도록 조작화(operationalization)해서 그 상태의 방향, 목적, 기준을 객관적으로 나타내는 도구다. 지표는 측정 과정의 적절성, 표준화, 지표 사용의 정당성을 모두 갖추어야 해당 분야의 이해관계자들이 수용할 수 있다. 국내·외 미디어 기업의 지속가능성 경영 사례를 통해서 알 수 있듯이, 미디어 기업의 모든 지속가능성 경영 활동을 완벽하게 측정해내는 지표를 특정하기 어렵다. 두 가지 이유 때문이다. 첫째, 지속가능성(sustainability)은 다층적이면서 다차원적인 개념이다. 지속가능성 개념 구성 및 전개 과정이 이를 증명한다. 1972년 로마클럽의 「성장의 한계」 보고서가 발간된 이래로 약 50여 년 동안 지속가능성 관련 이니셔티브와 정책이 글로벌 차원에서 광범위하게 논의되어왔다. 지속가능성은 다양성, 생산성, 균형성, 복원성, 포괄성 등의 여러 특성이 있고, 다수의 연관 개념들(CSR, CSV, 기업시민, TBL,[1] 녹색경영, 투명경영, 윤리경영, ESG 등)과 혼용되면서 "지속가능"(sustainable) 용어가 과도하게 오용되고 있다. 특히 지속가능성을 최초로 언급한 「브룬트란트 보고서」[2](Brundtland Report)의 "지속가능발전"(Sustainable Development)[3] 개념은 모호하고 광범위해서 실체가 없다는 비판을 받은 적도 있다. 국내 언론도 '지속가능'의 의미를 "오래가는", "재정자립이 가능한", "지속적으로 수익을 내는", "친환경적", "녹생성장", "좋은", "이상적인" 등 지속가능성의 본래 의미와 동떨어지거나 완전히 왜곡된 뜻으로 사용하기도 했다.[4] 한마디로 지속가능성에 대한 개념 정의가 모호해서 지표로 확정하기 어려운 점이 있다. 둘째, 미디어 기업의 특성 때문이다. 기업이 행하는 지속가능성 경영 활동이 사회공헌활동, 사회책임활동, ESG 활동이냐에 따라 다르게 분류할 수 있고, 해당 기업이 어떤 분야에 집중하느냐에 따라 또 달라진다.

1 TBL(Triple Bottom Line)은 경제, 사회, 환경 영역에서 기업의 성과를 측정하고 평가하는 개념이다. 기업이 이윤만을 추구하는 것이 아니라 사회적 책임과 환경의 지속가능성도 함께 고려해야 한다는 기영 경영전략이다.

2 1987년 세계환경개발위원회에서 발간한 우리 공동의 미래(Our Common Future), 일명 브룬트란트 보고서에서 지속가능발전 개념을 표명하였다.

3 지속가능발전이란 미래세대가 그들의 욕구를 충족할 수 있는 기반을 저해하지 않는 범위 내에서 현세대의 요구를 충족시키는 발전을 의미한다. 즉 현세대의 필요를 충족하되 미래세대의 가능성을 파괴하지 않고, 인간사회가 주변 환경과 조화를 이루며 자유롭게 발전의 기회를 가지는 것을 말한다.

4 Retrieved 9/1/2023 from https://namu.wiki/w/%EC%A7%80%EC%86%8D%EA%B0%80%EB%8A%A5%EB%B0%9C%EC%A0%84

미디어 산업의 경우, 업종(예: 신문사, 방송사, 플랫폼 기업)에 따라 또는 미디어 기업의 경제 규모에 따라 미디어 기업이 실천하는 지속가능성 경영 활동은 상당히 유사하면서도 다른 양태를 보일 수 있다. 게다가 미디어 기업 경영자의 경영철학도 한몫한다. 자신이 경영하는 미디어 기업 목표가 국가, 사회, 소비자, 특정 이념이나 가치 혹은 사익 또는 공익이냐에 따라 기업의 지속가능성 의미는 완전히 달라질 수 있다. 미디어 기업은 크게 언론사와 비언론사로 나뉜다. 언론사는 언론 본연의 역할에 중심을 맞추고 있다. 반면 일반 미디어·커뮤니케이션 분야에서 사업을 하는 비언론사는 커뮤니케이션 서비스를 더 중시한다. 이와 같은 이유로 모두가 동의하는 미디어 기업의 지속가능성 경영 지표를 만드는 것은 생각보다 어렵고, 어쩌면 거의 불가능에 가깝다.

신문사의 지속가능성 경영을 사회공헌활동으로 분류하고 해당 분류에 따라 구성요인과 세부사항을 정리한 연구가 있다(이동한, 2005). 이 연구는 국내 신문사가 실행하고 있는 사회공헌활동을 3가지 요인으로 분류함으로써 국내 신문사의 지속가능성 경영 지표로 사용할 만한 요소들을 도출해냈다〈표 8-1〉. 연구결과, 국내 신문사의 사회공헌활동은 크게 세 가지로 나뉜다. 첫째, 본연적 사회공헌활동, 둘째, 문화적 사회공헌활동(메세나), 셋째, 사회공헌중재활동이다. 본연적 사회공헌활동은 언론사로서 아동, 인권, 국민건강, 환경, 복지 등 사회공헌활동에 대한 보도를 말한다. 이해관계자는 신문사와 연관되는 독자나 협력업체의 이해와 권익을 배려하고, 이들과 동반성장을 도모한다. 내부직원은 노사문제나 사내 성차별, 사내 복지후생 등 직원의 처우와 권익에 관한 부분을 뜻한다. 지역사회는 신문사가 지역문제의 고충을 해결하고, 지역행사 지원에 관한 모든 활동을 의미한다. 환경은 재활용이나 수질오염 예방 등 환경에 관한 공헌 활동을 말한다. 신문사의 본연적 사회공헌활동은 언론으로서 반드시 수행해야 할 공기(公器)의 역할과 신문사의 언론 행위에 직간접적으로 연관되거나 대상이 되는 내·외부 이해관계자 전체를 위한 활동을 모두 포함하고 있다.

신문사의 문화적 사회공헌활동은 문학, 음악, 미술, 영화 등에 대한 지원을 말한다. 국내 신문사의 사회공헌활동 특징이기도 한 메세나 활동이다. 사회체육활동은 신문사가 개최하는 마라톤, 야구, 축구 등 사회체육대회 운영 및 집행과 관련된 활동이다. 신문사는 교육과 학술활동에 대한 지원도 하고 있다. 특히 문화센터를 운영하여 지역사회 문화활동의 요람이 되기도 한다. 역사나 전통 보호 활동은 유적지, 사적, 문화재 보호 및 탐방을 통해 전통문화를 보전하는 활동이다. 시상활동은 다양한 분야에 대한 시상식을 개최하여 해당 분야를 활성화시키는 활동을 의미한다.

사회공헌중재활동은 신문사가 일반기업의 기부활동과 기업의 특정 사회공헌 프로그램을 운영하고 홍보하는 활동이다. 기업의 자선구호활동은 신문사가 기업이 수행하는 헌혈, 장기기증, 재해구호 등을 널리 알리고, 독려하는 활동이다. 기업의 사회봉사활동과 공익캠페인은 신문사가 공동체 문제 해결을 위해 빈곤계층 지원, 사회복지시설 보강 및 기업의 사회봉사활동을 보도하여 관련 소식을 공동체 전체로 확산시키는 활동이다. 기업의 사회공헌중재활동은 신문사가 기업이 직접 하기 어려운 사회공헌프로그램을 위탁받아 수행하거나 기업의 실질적인 사회공헌 실천 활동을 신문의 보도기능을 통해 홍보하는 것을 의미한다.

〈표 8-1〉 신문사의 사회공헌활동 구성요인[5]

요인	요소	세부사항
본연적 사회공헌활동	사회공헌보도	아동, 인권, 국민건강, 환경, 사회복지 등에 대한 사회 공헌적 보도 수행
	이해관계자	독자 및 협력업자(인쇄소, 판매지국 등)에 대한 이해와 권익 배려
	내부직원	노사문제, 남녀고용평등, 사내 복지후생 등 직원의 이해와 권익 보호
	지역사회	지역홍보, 지역행사지원 등 지역사회 개발 지원 활동
	환경	자원재활용, 수질오염, 공해방지 등 환경적 공헌 활동
문화적 사회공헌활동	문화예술활동	신춘문예, 콩쿠르, 전시회, 영화제 등 문화예술활동 개최 및 지원
	사회체육활동	마라톤, 야구, 축구 등 사회체육활동 개최 및 지원
	교육 및 학술활동	경시대회, 정보화 교육, 문화센터 운영 등 교육과 학술 활동 지원
	역사 및 전통문화 보전활동	문화유적 탐방, 전통문화 보전활동 개최 및 지원
	시상활동	소비자 대상, 환경 대상, 청소년 대상 등 시상식 개최
사회공헌 중재활동	기업의 기부활동	기업의 현금, 설비, 재능 기부활동 홍보 및 확산 활동 지원
	기업의 프로그램 운영 및 지원활동	기업의 아동 및 청소년 프로그램 위탁 운영
	기업의 자선구호활동	기업의 자선구호활동 홍보 및 보도 지원
	기업의 사회봉사활동	기업의 빈곤계층, 사회적 약자층에 대한 사회공헌활동 홍보 및 보도
	기업의 공익캠페인	공동체를 위한 기업의 공익캠페인 홍보 및 보도

5 이동한 (2005, p.68 표2-4 재인용 및 내용 일부 재구성)

우형진·성용준·김용희(2022)는 신문사, 방송사, 플랫폼 기업의 다양한 ESG 실천 의제 중요도를 파악했다. 이 연구의 핵심은 국내 미디어 기업에 적합한 ESG 목표를 찾고, 미디어 기업의 특성에 맞는 실천 활동이 무엇인지 파악하여 국내 미디어 기업의 ESG 활동 지표를 개발하는 것이다. 이 연구는 미디어 기업 ESG 전문가 18명을 대상으로 국내 미디어 기업 종류별 ESG 활동에 대한 상대적 중요 순위를 AHP[6] 분석을 통해 도출함으로써 국내 미디어 기업이 자사 특성에 맞게 추구해야 할 최적의 ESG 실천 영역을 알려주고 있다〈표 8-2〉.

미디어 ESG 전문가들은 국내 신문사의 경우, ESG 영역 중에서 '사회' 영역을 가장 중요하게 고려해야 한다고 밝혔다. 뒤를 이어 '지배구조'와 '환경' 영역 순으로 나타났다. 신문사가 사회 영역에서 고려해야 할 가장 중요한 실천 분야는 '노동 및 인권'으로 나타났다. 다음으로 '공정거래', '소비자 보호', '미디어 다원성', '지역사회 봉사 및 참여'다. 전통적으로 언론 역할을 하는 신문사의 ESG 활동 최우선 순위가 "미디어 다원성"이 아닌 것은 예상과 다른 결과다. 미디어 다원성은 사회적으로 소외된 다양한 정보원(여성, 유색인종, 이민자, 어린이, 노인, 장애인, 성소수자 등을 비롯한 사회적 약자)의 시각과 의견을 반영하여 건전한 여론 형성, 공정한 사회구성체 운영, 따뜻한 사회정의실현을 의미하는 개념이다. 그러나 국내 신문사의 ESG 활동 중 미디어 다원성 항목이 낮은 순위라는 것은 국내 신문사의 미디어 다원성이 중요

6 계측화분석법(Analytic Hierarchy Process, AHP)은 다수의 속성을 계층적으로 분류하고 각 속성의 중요도를 파악해 최적 대안을 선정하는 기법이다.

하지 않다는 뜻은 아니다. 국내 신문사는 정파적 속성이 뚜렷하고, 상업적 특성이 매우 강해서 사회 소수 의견이나 소외계층의 목소리를 전달하지 못하는 경우가 많아 미디어 다원성을 구현하기 어렵다. 즉, 국내 신문사는 지속가능성 경영에 대한 인식이 매우 부족하여 의미있는 지속가능성 경영 자체를 요구하기 어렵다는 현실적 문제를 담고 있다. 국내 신문사는 외적으로 언론사의 모습을 하고 있지만 실제로는 상업주의적 성향을 강하게 나타내고 있다. 본 연구에 참여한 미디어 ESG 전문가들의 심층인터뷰 내용을 보면, 국내 메이저 신문사들은 족벌경영을 하고 있고, 광고 수익과 매출에 매우 민감하며, 지속가능성 경영에 대한 소신과 인식이 부족하다고 밝혔다.

또 다른 특이점도 시사하는 바가 크다. 국내 신문사의 지속가능성 경영 실천 활동 대부분이 "지역사회 봉사 및 참여형" 사회공헌활동이다. 국내 신문사의 지속가능성 경영의 전부가 '시상식'과 '문화예술체육활동 지원'이라고 할 수 있다. 그런데 이 분야가 국내 신문사의 지속가능성 경영 활동 중 가장 낮은 중요도를 갖고 있다는 것은 현재 국내 신문사의 사회공헌활동이 시대가 요구하는 지속가능성 경영 활동을 제대로 반영하지 못하고 있다고 볼 수 있다. 본 결과는 국내 신문사가 추진해야 할 지속가능성 경영을 문화예술체육 관련 대회나 시상식 개최만으로 한정하면 안된다는 점을 말해주고 있다.

미디어 ESG 전문가들은 국내 방송사의 ESG 영역 중 '사회' 영역이 가장 중요하다고 밝혔다. 이런 결과는 방송의 언론 기능이 다른 지속가능성 경영 영역에 비해 우선순위에 있다는 점을 재확인한 것이다. 다음 순위는 지배구조와 환경으로 나타났다. 국내 방송사가 가장 중요하게 고려해야 할 사회 영역 1순위는 '노동과 인권' 분야다.

'미디어 다원성', '소비자 보호', '지역사회 봉사 및 참여', '공정거래'가 뒤를 이었다. 국내 신문사와 방송사 모두 ESG 영역 중 사회를 가장 중요한 분야로 보았고, 사회 영역 안에서도 노동과 인권을 가장 우선순위로 둔 것은 의미하는 바가 크다. 국내 미디어 산업 중 전통 미디어라고 할 수 있는 신문과 방송의 노동환경이 매우 열악하다는 증거다. 한국노동사회연구소의 조사(김종진, 2020.12.9)에 의하면, 국내 방송산업 공공부문 방송사 대상 조사 결과 불안정노동자의 비율이 42%로 나타났다. 이 중에서 비정규직은 18.8%(기간제 4.3%, 간접고용 14.5%)이고, 프리랜서는 15.9%다. 방송사 프리랜서의 절반 이상은 최저임금에도 못 미치는 급여를 받고 있고, 정규직 임금을 100으로 했을 때 비정규직 임금은 약 24.7 수준으로 나타났다. 사회 영역에서 두 번째로 중요한 활동은 미디어 다원성으로 나타났다. 미디어 ESG 전문가들은 국내 신문사에 대한 평가와 다르게 방송의 영향력을 높이 평가한 것으로 판단된다. 방송은 강력한 사회적 파급효과와 영향력으로 인해 공정성, 객관성, 불편부당성, 다양성 등을 담보해야 한다. 이런 점을 반영한 듯 미디어 ESG 전문가들은 다양성 확보 차원의 '방송사 조직 구성'을 높은 순위로 선정했다. 국내 방송사의 DEI에 대한 심도있는 개선이 요구되는 대목이다.

미디어 ESG 전문가들은 국내 플랫폼 기업의 ESG 영역 중 '지배구조' 분야 활동을 가장 중요하게 보았다. 국내 신문사나 방송사와 달리, 플랫폼 기업의 지배구조 개선을 핵심 ESG 활동으로 본 것이다. 국내 플랫폼 기업은 언론사보다 일반기업과 조직문화가 유사하고, 규모 면에서도 대기업 수준이다.[7] 지배구조 영역에서 투명경영과 윤리경영 중 투명경영을 우선순위로 두었다. 투명경영은 기업운영과 관련된 모든 정보를 공개하고 의사결정과정을 투명하게 밝히는 것이다. 투명경영과 윤리경영이 상호 중첩되는 면도 있지만 윤리경영이 법령 준수, 부정부패 예방, 정보보호 등을 포함하는 것이라면, 투명경영은 회계부정, 정실주의, 주인-대리인 문제(Principal-Agent Problem)[8]에서 정보비대칭을 해결하는 것이다. 국내 플랫폼 기업이 지배구조 영역 다음으로 중요하게 고려해야 하는 부분이 환경이다. 국내 플랫폼 기업은 기업 규모 면에서 대기업집단에 속하기 때문에 상대적으로 큰 자본을 환경 개선 부문에 투입하여 긍정적인 변화를 도출해낼 수 있다. 국내 플랫폼 기업의 ESG 활동 중 가장 낮은 순위는 사회 영역이다. 사회 영역 중 '소비자 보호'가 가장 중요하고, 뒤를 이어 '공정거래', '지역사회 봉사 및 참여', '노동 및 인권', '미디어 다원성' 순으로 중요도가 나타났다. 국내 플랫폼 기업은 신문사나 방송사와 달리 사회의 다양성 유지 및 공정성 문제와는 다른 차원의 지속가능성 경영에 집중해야 하는 것으로 평가받았다. 플랫폼 기업은 일반기업과 유사하기 때문에 '소비자 보호'에 관한 지속가능성 경영 활동이나 '기후변화'에 대한 ESG 실천 방안을 모색하는 것이 국내 플랫폼 기업 특성에 맞는 지속가능성 경영 활동이라고 할 수

7 2023년 기준 상장기업 시가총액 20위 순위 기업 안에 네이버와 카카오가 있고, 공정자산 총액 20위 순위 기업 안에 KT, CJ, 카카오가 있다.

8 주주와 경영진 간에 정보비대칭성(Information Asymmetry)문제가 발생한다. 과거 주주는 기업의 주인 역할만 했으나 최근에는 주주가 경영 참여자 중의 하나로 인식되고 있다. 경영진은 주주의 대리인으로서 모든 결정을 투명하게 하여 주주의 이익을 극대화시켜야 한다.

있다.

이런 점에서 국내 신문사, 방송사, 플랫폼 기업의 지속가능성 경영 지표는 미디어 ESG 전문가들이 파악한 항목들을 중심으로 표준화하고, 미디어 기업의 특성에 맞게 맞춤형 지속가능성 경영 지표를 개발하는 것이 중요하다. 특히 언론사의 ESG 지표와 비언론사의 ESG 지표는 확실히 구분되기 때문에 언론사들은 '사회' 영역, 비언론사들은 '지배구조'나 '환경' 영역에 가중치를 두는 것도 필요하다. 지표값의 산술평균은 실체를 왜곡할 가능성이 있어 통계적 가중치를 두고 있다. 다만 가중치가 실체의 진실을 얼마나 반영하고 있는가는 또 다른 문제다. 국내 미디어 기업의 지속가능성 경영 지표 개발은 각 기업의 성격(언론사 또는 비언론사), 경제 규모, 공적 규제 적용 여부(공영 또는 민영) 등에 따라 달라질 수 있다는 점을 고려해야 한다.

〈표 8-2〉 국내 신문사·방송사·플랫폼 기업의 ESG 실천 의제 상대적 중요도 순위[9]

영역	요소	항목	신문사			방송사			플랫폼		
환경(E)	기후변화	환경보호 관련 조직 운영 여부	③	①	①	③	①	①	②	①	③
		탄소배출량 정보 및 감축 계획 제시 여부			①			②			②
		에너지 절감 프로그램 운영 여부			①			③			①
	자연보호 및 폐기물	자원고갈방지 및 자연보호 프로그램 운영 여부		②	②		②	②		②	②
		생물다양성 프로그램 운영 여부			③			③			③
		유해물질 배출, 폐수 관리 프로그램 운영 여부			①			①			①

9 우형진·성용준·김용희(2022)의 표 5-1(p.218), 5-2(p.221), 5-3(p.223)의 내용을 통합하여 각색함.

영역	요소	항목	신문사			방송사			플랫폼		
		근로조건, 직장 내 보건 안전, 교육 및 훈련 프로그램 운영 및 정보 제공 여부			①			①			①
	노동 및 인권	인권 관련 차별금지 프로그램 운영 및 정보 제공 여부		①	③		①	③		④	③
		인권보호 관련 구제 프로그램 운영 및 정보 제공 여부			②			②			②
		협력사 ESG 경영 지원 프로그램 운영 및 정보 제공 여부			③			②			③
	공정거래	동반성장 관련 프로그램 운영 및 정보 제공 여부		②	②		⑤	③		②	①
		표준계약서 작성 준수 및 공정거래 관련 법 위반 정보 제시 여부			①			①			②
		독자, 시·청취자, 이용자 보호 위원회 운영 여부			②			①			②
사회 (S)	소비자 보호	개인정보보호, 공정하고 투명한 마케팅 정보 보호 프로그램 운영 여부	①	③	①	①	③	②	③	①	①
		언론중재위원회, 방통위, 과기정통부 등 정부기관 과태료, 과징금 위반 사례 공개 여부			③			③			③
		재능, 현물, 현금 기부 정보 공개 여부			①			①			②
	지역사회 봉사 및 참여	지역사회 봉사 참여 공개 여부		⑤	①		④	①		③	①
		문화예술체육 등 시상활동 정보 공개 여부			①			③			③
		조직이나 부서의 성, 인종, 국적, 장애, 성소수자 등에 관한 다양성 프로그램 운영 여부			②			②			①
	미디어 다원성	미디어 생산물(결과물)에 대한 다양성 확보 차원의 조직 구성 정책과 조치 관련 정보 공개 여부		④	①		②	①		⑤	③
		DEI(다양성, 공정성, 포용성) 관련 위원회 구성 여부			③			③			②

영역	요소	항목	신문사	방송사	플랫폼
지배구조 (G)	윤리 준법경영	규범준수 매뉴얼 운영, 준법경영조직 운영 여부	①	①	①
			—	① —	② —
		부정부패 위험 관리, 반부패 청렴 교육 운영 여부	②	②	②
			② —	② —	① —
	투명경영	이사회 구조 및 책무(경영진 보수 및 경영효율), 회계·공시 관행(소유주와 주주 권리) 공개 여부	①	①	①
			—	② —	① —
		수익의 질(특수 관계자 거래 투명성) 정보 공개 여부	②	②	②

주) 셀 안의 숫자는 순위를 의미함.

정부도 여러 산업 분야에서 기업의 지속가능성 경영 지표 개발에 박차를 가하고 있다. 미디어 산업의 경우 한국콘텐츠진흥원의 「친환경 콘텐츠 제작을 위한 가이드라인」개발이 좋은 사례다(한국콘텐츠진흥원, 2023). 한국콘텐츠진흥원은 콘텐츠 기획 및 제작 주체가 친환경 콘텐츠를 기획, 제작, 유통하는 과정에서 참고할 수 있는 가이드라인을 개발했다. 콘텐츠 제작 주체의 경영상황, 조건, 규모, 미션, 비전 등이 상이하다는 점을 고려하여 제작사가 자율적으로 활용할 수 있게 주요 항목을 개발했고, 동시에 본 가이드라인에 포함된 이행 항목의 준수 여부를 점검하기 위한 진단항목도 함께 제시했다. 친환경 콘텐츠 제작 가이드라인의 적용 대상은 출판, 만화, 음악, 영화, 게임, 애니메이션, 방송, 광고, 캐릭터 등 모든 콘텐츠 사업 유형을 포괄한다. 다만 방송, 영화, 광고 등 영상콘텐츠 기반 장르의 경우, 콘텐츠 제작 현장에서 이루어지는 별도 콘텐츠 제작 단계가 존재하기 때문에 장르별로 이행방안을 상이하게 제시했다.

한국콘텐츠진흥원이 개발한 친환경 콘텐츠 제작을 위한 가이드라인은 크게 대분류 '영역'과 소분류 '세부항목' 2단으로 구성되어 있다. 친환경 콘텐츠 제작 가이드라인의 대분류는 크게 친환경 경영(Eco-management) 영역과 친환경 제작(Eco-production) 영역으로 구분한다. 친환경 경영 영역은 5개 세부항목(친환경 실천 계획 및 목표 수립, 내부 구성원 인식 제고, 공급망 관리, 외부 협력체계 구축, 친환경 가치 확산 활동)이 있다. 친환경 제작 영역은 6개 세부항목(제작 현장 모니터링, 원부자재: 세트/소품, 에너지: 장비/물, 온실가스: 교통/로케이션/숙소, 폐기물, 제작 현장 보존 및 보호)으로 구성되어 있다. 이 가이드라인에서 친환경 경영 영역은 장르 구분없이 공통으로 적용되도록 했고, 친환경 제작은 제작 현장 모니터링, 폐기물, 제작 현장 보존 및 보호 세부항목만 공통으로 하고 나머지는 장르의 특수성을 인정하여 장르 구분을 했다〈표 8-3〉.

〈표 8-3〉 친환경 콘텐츠 제작 가이드라인의 주요 내용[10]

구분			주요 내용	장르 구분
영역	분류	세부항목		
친환경 경영	M-1	친환경 실천 계획 및 목표수립	친환경 콘텐츠 제작을 위한 목표 설정, 전담 조직 구성, 가이드라인 마련 및 시행 등	공통
	M-2	내부 구성원 인식 제고	경영진을 포함한 내부 구성원 인식 제고 위한 교육 제공, 인센티브제도 및 기금 운용 등	
	M-3	공급망 관리	공급망 내 협력사/자회사 ESG 대응 및 친환경 이행 지원, 계획 수립 등	
	M-4	외부 협력체계 구축	친환경 콘텐츠 제작을 위한 유관기관 협업, 외부 전문가 활용 등	

10 한국콘텐츠진흥원(2023). p.106 표 5-3 재인용.

<table>
<tr><th colspan="3">구분</th><th rowspan="2">주요 내용</th><th rowspan="2">장르 구분</th></tr>
<tr><th>영역</th><th>분류</th><th>세부항목</th></tr>
<tr><td>친환경 경영</td><td>M–5</td><td>친환경 가치 확산 활동</td><td>친환경 실천을 주제로 한 콘텐츠 제작, 캠페인 전개, 나무심기, 자연/생태계 복원 참여 등</td><td>공통</td></tr>
<tr><td rowspan="13">친환경 제작</td><td>P–1</td><td>제작 현장 모니터링</td><td>제작 현장에서의 친환경 실천 분위기 조성 및 구성원 참여 독려 등</td><td>공통</td></tr>
<tr><td rowspan="6">P–2</td><td rowspan="6">원부자재 (세트/소품)</td><td rowspan="6">친환경 인증·지속가능 원자재 사용</td><td>방송/영화/광고</td></tr>
<tr><td>출판/만화(웹툰)</td></tr>
<tr><td>게임/지식정보/콘텐츠솔루션</td></tr>
<tr><td>애니메이션</td></tr>
<tr><td>캐릭터</td></tr>
<tr><td>음악</td></tr>
<tr><td rowspan="2">P–3</td><td rowspan="2">에너지 (장비/물)</td><td rowspan="2">고효율/친환경 장비 사용 및 용수 절약</td><td>방송/영화/광고</td></tr>
<tr><td>그 외 공통</td></tr>
<tr><td rowspan="2">P–4</td><td rowspan="2">온실가스 (교통/로케이션/숙소)</td><td rowspan="2">취재·촬영 등 외부 활동과 관련하여 온실가스 배출 저감을 위한 노력</td><td>방송/영화/광고</td></tr>
<tr><td>그 외 공통</td></tr>
<tr><td>P–5</td><td>폐기물</td><td>폐기물 관리 계획 및 배출량 저감 노력</td><td>공통</td></tr>
<tr><td>P–6</td><td>제작 현장 보존 및 보호</td><td>제작 현장의 환경적 특성, 규제, 지침 숙지, 자연 현장 보존 및 보호 노력, 소음 발생 최소화 등</td><td>공통</td></tr>
</table>

한국콘텐츠진흥원은 항목별 이행방안과 이행 여부 검증에 대한 설명도 부가했다. 예를 들어, 콘텐츠 기획, 제작, 유통 조직이 "친환경 실천 계획 및 목표 수립"(M-1) 항목을 제대로 이행했는지 확인하기 위해 해당 항목에 대한 설명과 이행방안을 구체적으로 예시하고, 이행 여부를 판단하기 위한 기준을 제시했다. 이행방안으로 첫째, 콘텐츠

기획, 제작, 유통 조직이 친환경 실천을 위한 구체적 목표와 계획을 수립했는지 여부, 둘째, 친환경 실천 전담조직을 구성하고 운영했는지 여부, 셋째, 친환경 콘텐츠 제작을 위한 가이드라인이나 매뉴얼을 개발하거나 구축했는지 여부를 점검하도록 했다. 이행 여부를 판단하는 기준은 1단계: 친환경 실천을 위한 자체 목표 설정, 2단계: 해당 목표 달성을 위한 구체적인 이행 계획 수립, 3단계: 목표 및 이행 계획 추진 상태 파악, 4단계: 후속 조치의 일환으로 목표 및 이행 계획에 대한 점검 실시, 5단계: 콘텐츠 기획, 제작, 유통 조직의 친환경 실천 평가 및 개선사항 실천을 확인하도록 했다. 더불어 참고사항으로 목표 및 이행 계획 수립, 전담조직 구성 및 운영 체계, 자체적인 친환경 콘텐츠 제작 가이드라인 개발 운영 여부 등을 파악하도록 했다.

2. 미디어 기업의 지속가능성경영보고서

국내 미디어 기업은 업종에 따라 지속가능성경영보고서 최초 발간 시점이 다르다. 통신기업은 일찍부터 관련 보고서를 발간했다. 국내 통신기업 홈페이지 회사소개 내용을 보면, KT(2006년), SKT(2006년), LGU+(2012년)는 여러 이름으로 지속가능성 경영 정보를 공개했다. 특히 SKT의 경우, 「지속가능경영보고서」 이외에 「사회공헌활동백서」(2000년~2014년), 「환경보고서」(2010년), 「행복동행활동백서」(2014년)를 발간했다. 통신기업들은 오래전부터 자사의 사회공헌, 사회적 책임, 환경경영에 대한 정보를 백서, 홈페이지, 보고서 형식으로 공개해오고 있다. 네이버나 카카오 같은 국내 인터넷 기업들은 기업 규모에 비해 지속가능성경영보고서 발간 시작 연도가 늦다. 이들의 ESG에 관한 체계적 보고서 작성은 비교적 최근에 이루어졌다. 네이버는 2020년을 기점으로 「NAVER ESG보고서」, 「NAVER SASB보고서」, 「NAVER TCFD보고서」를 발간하고 있다. 카카오는 2021년부터 「카카오 ESG보고서」, 「기업지배구조보고서」를 발간하고 있다.

2023년 들어 국내 4대 엔터테인먼트 회사(HYBE, SM, JYP, YG)가 모두 지속가능성경영보고서를 발간했다. 4대 엔터테인먼트 기업은 이전까지만 해도 회사 홈페이지에 소속 아티스트들의 사회공헌활동을 홍보하는 수준이었으나, 지속가능성경영보고서를 발간하면서 글로벌 표준을 따르고 인증 절차도 밟아 과거보다 높은 수준의 지속가능성 경영 정보를 공시하고 있다(아주경제, 2023.7.19). 국내 대표적인 엔터테인먼트 기업들이 왜 서둘러 글로벌 표준에 입각한 지속가능성경영보고서를 발간하고, 절차에 맞게 공시하는 것일까? 국내 미디어 산업의 글로벌 진출을 보면, 통신기업, 인터넷 기업, 엔터테인먼트 기업 중에 엔터테인먼트 분야가 단연 앞서가고 있다. 이른비 K-pop, K-drama, K-movie, K-culture라는 이름으로 해외 시장에서 두각을 나타내고 있다. 추정해보면 국내 엔터테인먼트 기업들이 외국 시장 진입 시 각 국가의 지속가능성 경영 정보 공시 규정이나 시장 진입 허가 조건으로 ESG 관련 정보 제출 상황에 직면했을 수도 있다. ESG, 환경, 지속가능성 사안은 국가 간 무역장벽이 될 수 있다. 유럽이 탄소국경조정제도(CBAM)를 도입하고, 미국이 인플레이션 감축법(IRA)을 마련하는 등 유럽과 미국이 ESG를 명분으로 무역장벽을 공고히 하는 실정이다. 세계에서 가장 큰 엔터테인먼트 시장을 가지고 있는 미국과 유럽 시장 진출 시 엔터테인먼트 기업의 지속가능성 경영 정보 공시는 필수사항이 될 가능성이 있다.

이러한 추세는 더욱 강화될 전망이다. 2023년 국내 시총 200대 기업의 지속가능경영보고서 조사·분석 결과에 의하면, 국내 200대 기업의 지속가능경영보고서 공시율은 75.5%(151개사)로 지난해 55.5%(111개사)보다 20% 증가했다. UN SDGs, GRI, TCFD, SASB 등 글로벌 기준을 혼용하고 있고, 이중 중대성(Double Materiality) 평가[11]가 대세다(ESG행복경제연구소, 2023.8.9). 중대성 평가(Materiality Test)는 환경·사회문제 등 지속가능성 이슈가 기업가치에 미치는 영향 중 중요한 이슈를 선별하는 작업이다. 기업은 사업을 추진하는 과정에서 경제 요소 이외의 다양한 비경제적 요소(사회, 환경, 지배구조, 이해관계자 등)로부터 영향을 받는다. 기업은 이를 해소하기 위해 ESG 영역에 대한 대응을 하게 된다. 그러나 어떤 요소가 기업에 상대적으로 의미있는 영향을 미치는지 파악하기 어렵다. 중대성 평가는 기업이 할 수 있는 능력 이상의 과도한 ESG 투자를 방지하고, 선택과 집중을 통해 기업의 ESG 전략을 극대화하기 위해 사용하는 분석 방법이다. 이 과정에서 이중 중대성 평가는 기업의 재무상태에 영향을 미치는 외부 영향뿐만 아니라 기업이 외부에 미치는 영향을 모두 고려한 쌍방향 평가를 하게 되고, 두 매트릭스가 교차하는 곳에서 중요 이슈

11 이중 중대성 평가는 1단계: 지속가능성 이슈 Pool(글로벌 표준 및 이니셔티브 분석, 회사 현황 및 검토 의견 반영)을 구성한다. 2단계: 1) 재무적 영향 분석(내부 이해관계자 설문, 내부 전략방향, 전문가 평가), 2) 사회환경적 영향 분석(외부 이해관계자 설문, 벤치마킹, 언론 내용 분석), 3단계: 최종 핵심이슈 선정 및 보고(핵심 이슈와 일반 이슈 분리, 중요 순위 선정).

순위가 도출된다. 이를 바탕으로 기업은 ESG 대응 이슈 순위를 결정하고, 자사와 연관된 ESG 관련 계획, 활동, 성과 등을 구체적으로 공개할 수 있다.

국내 엔터테인먼트 업종 지속가능성경영보고서 분석 결과를 살펴보면, 중대성 평가, TBL, 공시, 보고서 작성기준, ESG위원회 운영, 여성임원, Scope 3, RE100, UNGC에 대한 내용을 모두 담고 있다 〈표8-4〉. 국내 엔터테인먼트 기업들의 ESG 보고서 작성 특성은 다음과 같다. 다수의 엔터테인먼트 기업들이 ESG보고서 작성 시 이중 중대성 평가를 하고, TBL 기준을 따르는 것으로 나타났다. 보고서 작성기준의 경우, 모든 엔터테인먼트 기업들이 GRI를 국제기준으로 활용했고, SASB, UN SDGs, TCFD 순으로 이용했다. 모든 사례에서 홈페이지를 통한 ESG보고서 공개가 전체적인 추세였고, 이사회 구성원으로 여성 이사진 선임이 두드러지게 나타났다. 국내 엔터테인먼트 기업의 ESG보고서 발간은 글로벌 ESG 정보공시 표준화 및 의무화를 앞두고 자율공시가 확대되는 분위기를 반영한다. 더불어 국내 엔터테인먼트 기업들은 글로벌 ESG 정보공시 규제 도입 본격화에 선제적으로 대응하고 있다.

〈표 8-4〉 국내 시총 200대 기업 중 엔터테인먼트 업종 ESG 보고서 분석 결과[12]

종목	중대성평가		TBL	공시		보고서 작성기준				ESG 위원회	여성 임원	Scope3	RE 100	UN GC
	단일	이중		거래소 &홈피	홈피	SDGs	GRI	TCFD	SASB					
HYBE		○	○	○	○		○		○	○	○			
스튜디오 드래곤	○				○		○			○	○			
JYP		○	○		○	○	○		○	○	○		○	
CJ ENM		○	○		○		○	○	○	○	○	○		○
SM		○	○		○	○	○				○			○

국내 신문사나 방송사는 지속가능성경영보고서를 발간하지 않고 회사 홈페이지 사회공헌사이트에 자사의 사회공헌활동, 사회책임활동, 자선활동 등을 매우 간단하게 홍보하고 있다. 예를 들어, 동아일보는 '문화사업'이라는 명목으로 각종 콩쿠르, 체육대회, 시상식 내용을 홈페이지 링크로 연결해놓고 있다. 연결된 내용은 대부분 콩쿠르 참가 접수 일정, 상금, 대진표 등에 대한 정보만 있어서 지속가능성 경영 정보라고 부르기 어렵다. 조선일보는 사회공헌 연혁, 캠페인, 문화행사 섹션을 나누어 소개하고 있다. 문화행사 섹션의 경우, 마

12 한스경제(2023.8.28.). [2023ESG보고서분석]엔터 · 전문서비스, 공시율 81.8%...'3자검증' 100%, 엔터 · 전문서비스 업종 ESG보고서 분석표 내용 중 엔터테인먼트 관련 기업의 분석 결과만 재가공/보강함, Retrieved 9/1/2023 from http://www.hansbiz.co.kr/news/articleViewhtml?idxno=661591

라톤 대회, 페스티벌, 사진교실 등 조선일보가 주최했던 다양한 문화예술체육 행사 내용을 간단히 소개했다. 대부분 2020년 이전의 내용들이다. 관련 내용도 사회공헌활동에 대해 1~2줄 정도의 간략한 내용 요약이다.

한국방송공사(KBS)는 2023년 5월 9일 ESG 경영을 강화한다고 선언했다. KBS는 방송산업계 최초로 개별 프로그램의 탄소배출량 측정 및 친환경 제작 가이드라인을 제정하고 지구환경에 도움이 되는 구체적 정책을 추진하겠다고 발표했다(뉴스1, 2023.5.9). 그러나 KBS 홈페이지나 어디에도 관련한 구체적인 정보가 탑재되어 있지 않다. 한국교육방송공사(EBS)는 KBS보다 앞선 2022년 12월, 「EBS의 ESG 현황 및 2023 주요 계획」을 발표했다(EBS 정책기획부, 내부자료, 2022. 12). EBS는 환경, 사회, 지배구조 영역에서 공적책무를 추진하기로 하고, 영역별 핵심 키워드와 ESG 실천방안을 마련했다. 환경 영역의 경우, '친환경: 프로그램 제작 및 친환경 업무 프로세스 구축', '원격: 비대면 콘텐츠 제공을 통해 탄소배출 감소 기여', '공존: 지구촌 공존을 위한 프로그램 제작 및 캠페인 추진', '효율화: 업무처리 효율화를 통한 불필요한 에너지 절감'을 선정했다. 이를 위한 ESG 실천활동으로 〈그린-컵 캠페인 추진〉, 〈세트 재활용률〉 제고, 〈3층 걷기〉를 통한 건강-에너지-활력 찾기 캠페인 추진, 〈출력물 On-Paper〉 캠페인 추진을 계획한다고 밝혔다. 사회 영역은 '공공복지: 안전·보호·소통 체계 마련 및 보편적 교육 서비스 제공', '기회균등: 맞춤형·자기주도학습·보강학습 교육 제공', '교육보완: 학교 교육 및 평생교육 등 공교육 영역 보완', '격차해소: 장애인 교육, 멘토링, 지역 연계 교육' 등을 포함했다. EBS는 실천 방안으로 〈장애인 고용 확대〉를 통한 인권경영 실행, 〈장애인/저소득층을 위한 서비스 개선〉 추진, 〈대국민 독서 진흥〉 추진, 〈지역 상생 콘텐츠〉 제작 추진, 〈저출생 극복 프로그램〉 추진, 〈학력 격차 해소〉 프로젝트 추진을 담고 있다. 지배구조 영역은 '책임: 사회적 책무를 다하는 책임경영 여건 마련', '윤리: 건전한 직업윤리확보 및 투명성 기반 업무 확립', '공정: 업무상 불공정/불법 행위 방지 업무방식 개선', '상생: 외부 상생을 통한 방송제작 거버넌스 건전화를 중점적으로 추진'하기로 결정했다. EBS는 이를 실행하기 위해 〈ESG 콘텐츠 위원회〉 설립 및 운영 추진, 〈복무기강 확립〉을 통한 청렴하고 건전한 조직문화 조성, 〈직장 내 괴롭힘〉 예방 대책 연구 및 대책 마련, 〈갑질행위, 부정행위 대상 제보〉 창구 활성화, 〈자금 및 계약 담당 직원 비위 방지 대책〉 수립, 〈ESG 목표 수립 및 실행 체계화〉 추진하겠다고 밝혔다.

KBS나 EBS가 공영방송으로서 ESG에 대해 전향적인 의도를 가지고 공영방송 경영프로세스에 ESG적 요소를 가미하는 것은 매우 고무적인 일이다. 두 방송사가 공영방송이기 때문에 ESG 정책 실현을 통해 우리 사회의 지속가능성을 확장하는 것은 매우 중요하다. 그러나 두 공영방송사의 ESG 실천은 여전히 과거 방식에 따른 구호성 정책 발표로 평가된다. 이런 접근은 공영방송의 공적 책무 달성과 지속가능성 확보라는 두 영역을 어떻게 연계하고 조정할 것인가에 대한 충분한 이해가 부족한 것이다. 또한 두 영역을 ESG로 치환했을 때 공영방송의 어떤 조직이, 어떤 대상을, 무슨 방식으로 측정, 평가, 공개할 것인지에 대한 구체적인 설계가 전혀 되어 있지 않다고 볼 수 있다.

이 대목에서 미디어 기업의 "지속가능성경영보고서"가 왜 중요한

지 상기해야 한다. 미디어 기업이 ESG 활동을 추진하는 과정 중에 가장 중요한 것은 지속가능성경영보고서를 정직하게 작성하고 정기적으로 공시하는 것이다. 지속가능성경영보고서는 기업이 자신과 연관된 ESG적 요소들을 어떻게 관리(측정, 평가, 공개)하는지 글로벌 가이드라인에 따라 서술하고 제3자 인증체계를 통해 검증받은 기업 가치 정보라고 할 수 있다. 이런 점에서 미디어 기업의 지속가능성경영보고서는 미디어 기업의 통합 가치(재무/비재무적 가치)를 평가하고 투자할 목적이 있는 내·외부 이해관계자들에게 설명책임을 다하는 안내서라고 할 수 있다. 향후 ISSB 주도의 지속가능성경영보고서 작성 및 공개방식이 재무제표를 포함하는 통합보고서 방식이 될 가능성이 있기 때문에 이에 대한 면밀한 대응이 필요하다.

참고문헌

김종진 (2020.12.9). 방송사 비정규직과 프리랜서 실태-공공부문 방송사 프리랜서 인력활용-, KLSI ISSUE PAPER, 제141호, 1-17. Retrieved 9/2/2023 from http://www.klsi.org/bbs/board.php?bo_table=B03&wr_id=2551

뉴스1 (2023.5.9). KBS, 프로그램 탄소배출량까지 계산…ESG 경영 강화 나선다, Retrieved 9/2/2023 from https://www.news1.kr/articles/5040479

아주경제 (2023.7.19). JYP부터 SM · 하이브까지 ESG 경영에 박차…'지속가능한K팝' 확산, Retrieved 9/2/2023 from https://www.ajunews.com/view/20230719004311440

우형진 · 성용준 · 김용희 (2022). 미디어 기업의 ESG 실천방안, 지정 2022-09, 한국언론진흥재단.

이동한 (2005). 신문기업의 사회공헌활동에 관한 연구: 10개 신문에 대한 사회책임지수(NCSRI)를 중심으로, 성균관대학교 박사학위 논문.

한국콘텐츠진흥원 (2023). 콘텐츠산업의 ESG 경영확산을 위한 친환경콘텐츠 제작 가이드라인 개발연구, KOCCA23-11, 한국콘텐츠진흥원.

ESG행복경제연구소 (2022.8.9). 국내 시총 200대 기업 지속가능경영보고서 조사 · 분석결과 발표, 보도자료, ESG행복경제연구소, Retrieved 9/2/2023 from http://www.happyesg.com/board/view?bd_id=forum01-1&wr_id=3746

제9장

미디어 기업의 지속가능성 경영에 대한 비판적 견해

1. 전략적 접근

미디어 기업의 지속가능성 경영은 숙명과도 같다. 미디어 기업이 신문업을 하든 방송업을 하든, 아니면 커뮤니케이션과 연관된 어떤 사업을 하든 간에 일정 부분 사익과 반대되는 공익 추구행위를 해야 한다. 사회구성체에서 공익을 고려해야 하는 주체는 정부다. 공공문제 발생 시, 책임지고 해결해야 하는 역할과 임무는 정부에게 있다. 그럼에도 불구하고 미디어는 강력한 사회적 영향력 때문에 그에 합당한 사회적 책임(social responsibility)을 져야 한다. 미디어 기업의 공익 추구행위는 노블레스 오블리주(Noblesse Oblige)가 되든, 법률적 의무조항에 근거하든 기업의 사회적 역할과 의무로 이해되고 있다. 이런 이유로 미디어 기업에 대한 사회적 압력은 늘 존재할 수밖에 없다. 국내 신문사가 다양한 시상식, 콩쿠르, 체육대회 등을 개최하는 이유는 언론 역할 이외에 사회문화적으로 이바지해야 한다는 의무 때문이다. 국내 방송사가 자선활동과 공익캠페인을 대대적으로 벌이는 것은 방송사의 공적 책무와 관련이 있다. 국내 플랫폼 기업들이 환경 개선, 재난구호, 동반성장에 많은 예산을 투입하는 이유도 사회공헌을 해야 한다는 당위성 때문이다.

여기서 제기되는 궁금한 점은 다음과 같다. 국내 미디어 기업들의 지속가능성 경영이라고 추정되는 이 행위들이 정말 자발적이고, 진정성이 있으며, 지속성을 지닐까? 이 질문은 기업 경영자의 양심에 대한 사항이기 때문에 진실을 파악하기 힘들다. 그러나 이 질문에 대한 국내 미디어 생태계 전문가들의 답변은 "글쎄"에 가깝다. 국내 신문사의 문화사업은 "수익사업"과 유사하다는 평가가 있다(우형진, 2018). 국내 신문사들은 당장 생존하기에도 힘든 어려운 경제 사정 때문에 ESG를 고려할 여유가 전혀 없다. 국내 메이저 신문사들의 문화사업은 절세나 세금 회피용으로 수행되는 경우가 있고, 언론사 이미지 개선, 협찬 이익, 참가비, 광고 수주, 환경투자를 통한 이윤이 목적인 경우가 많다. 국내 방송사도 신문사의 사정에서 크게 벗어나지 않는다. 국내 방송사는 신문사와 비교했을 때 상대적으로 재정 규모가 커 보이지만 ESG에 대한 예산 배정과 실천은 미비하다. 종합편성채널이나 보도전문채널뿐만 아니라 공영방송도 그 규모에 맞는 지속가능성 경영 사례를 찾아보기 힘들다. 일부 방송사가 자선활동에 참여하고 있다. 또한 자사가 보유한 방송 기자재와 설비를 이용해서 공연, 축제, 시상식 등을 개최하고, 공익 프로그램을 제작하는 경우가 있다. 국내 방송사들은 ESG 경영을 강화하기 위해 사회·공익 프로그램을 만들기도 하고, 장애인을 직원으로 채용하기도 한다. 국내 방송사가 주관하는 모든 공익 행사, 프로그램 제작, 그리고 정책이 전부 해당하는 것은 아니지만 방송사의 관련 경영 행위가 지속가능성 추구를 위한 이유보다 공적책무 때문에 수행하는 경우가 많다. 규제 당국의 방송평가나 재허가/재승인 부관 사항에 따른 강제조치에 의해 이루어지는 경우도 있다(신혜선·이영주, 2020). 앞으로 국내 지상파 방송사와 종합편성채널들은 방송통신위원회의 차기 재허가/재승인 조건을 맞추기 위해 ESG 활동을 의무적으로 수행해야 한다. 2023년부터 방송통신위원회는 지상파와 종편 방송평가에 '환경·사회·투명경영 관련 이사회 보고 및 환경경영 노력' 항목을 신설했다.

국내 다수 미디어 기업들은 언론사건 비언론사건 간에 지속가능성 경영을 전략적 관점에서 인식하고 있다. "전략적"이란 기업이 진정성없이 큰 비용을 들이지 않고 "눈 가리고 아웅" 식의 지속가능경영 기업으로 돋보이게 하는 것을 말한다. 국내 신문사나 방송사는 지속가능성 경영에 대한 인식이 낮은 편이다. 과거보다 많이 개선되어 이제는 지속가능성 경영을 해도 되고 말아도 되는 정도가 아니라 반드시 해야 하는 경영전략이라는 점에는 공감한다. 그러나 신문사나 방송사의 현실 속 지속가능성 경영은 종전에 해왔던 사회공헌활동의 연장선에 가깝고, 이름만 바꿔서 시행하는 경우도 있다. 기본적으로 국내 신문사나 방송사 경영진들이 가지고 있는 고정관념이 있다. 이들은 자사의 모든 행위 그 자체가 지속가능성을 확장하는 일이라고 본다. 이미 사회책임활동과 사회공헌활동을 많이 하고 있다고 생각한다. 신문사, 공영방송, 보도전문채널, 종합편성채널, 통신사 등 언론 기능이 있는 미디어들은 태생적으로 사회 공익 추구, 사회정의 실현, 권력과 자본 감시, 재난/재해예방, 경쟁력 강화 등을 일상 업무로 하는 업종인데, 여기서 더 이상 무엇을 더 해야 하냐는 볼멘소리를 한다. 이들의 인식은 지속가능성 경영을 기업 경영전략이 아니라 홍보실의 사회공헌활동 업무 정도로 간주하는 협소한 관점에 기인하는 경우가 많다.

미디어 ESG 전문가들은 국내 미디어 기업들이 지속가능성 경영을 제대로 수행하지 못하는 3가지 부족 사항(경영진의 인식 부족, ESG 전문인력 부족, 예산 부족)을 지적하고 있다(우형진, 2018). 이 중에서 ESG 전문인력 부족은 국내 미디어 기업의 지속가능성 경영이 제자리를 잡지 못하는 주요 요인이다. 지속가능성 경영은 기업의 재무성과와 비재무성과에 대한 관리를 통해 기업에 미치는 위험과 기회를 분석하여 대응하는 기업전략이다. 지속가능성 경영을 사회공헌활동이라고 보는 협소한 관점은 교육을 통해 인식변화가 가능하다. 기업이 재무 영역 관리 이외에 비재무 영역 관리까지 예산을 투여하는 것은 경영진의 인식변화와 연동해서 일어난다. 그러나 기업의 지속가능성 경영이 효율적으로 이루어지고 기업의 가치창출과 문화가 되기 위해서는 ESG, CSR, CSV 등 지속가능성 관련 전문 인력이 필수적으로 확충되어야 한다. 지속가능성 경영은 이벤트나 일시적인 행사프로그램 연출이 아니라 기업의 관행과 체계를 변화시키는 것이다. 재무 이윤추구 중심의 기업 관행에서 비재무 영역 관리도 병행한 이윤추구 관행으로 탈바꿈시키는 것이다. 기업의 본성을 질적으로 바꾸는 행위에 전문인력이 없다면 그 결과는 뻔하다. 내부에서 이런 인력을 양성하지 못한다면 외부 전문가, 학계, 연구소, 협회 등에서 보강하더라도 확충해야 한다. 아무리 선한 의지와 자본이 충당된다고 하더라도 ESG에 대한 전문인력이 기업의 지속가능성 경영 과정에 개입하지 않으면, 자발성, 진정성, 지속성을 상실한 가짜 지속가능성 경영이 될 수 있다. 한 가지 더 중요한 것은 미디어 기업의 최고의사결정기구에 ESG 전담 사내이사, ESG 전문 사외이사, 사회책임 담당 임원이 반드시 있어야 한다. 이 조건이 갖추어지지 못하면, 미디어 기업의 지속가능성 경영은 언제라도 왜곡된 전략적 접근을 취할 가능성이 있다. 국내 미디어 기업이 자사의 사회공헌활동을 이름만 바꿔 새롭게 채택한 자사의 지속가능성 경영이라고 전략적으로 접근한다면, 해당 기업과 유관 산업에서 진정한 지속가능성 확보는 요원할 것이다. 기존 신문사의 사회공헌활동, 방송사의 공적 책무, 플랫폼 기업의 소비자 보호, 지배구조개선, 자선활동 등은 공식적 혹은 비공식적으로 해야 하는 의무사항이다. 그런데 기업이 지속가능성 경영을 추구하려면 상당한 비용과 전문인력이 충원되어야 해서 이 두 가지를 동시에 달성하기 힘들다. 현재 미디어 산업은 이 분야에 대한 충분한 지원 능력을 갖추고 있지 않다. 기업이 ESG 영역을 관리하는 것은 막대한 비용이 소비되고, 필요인력이 충원되어야 할 사안이다. 미디어 기업은 공영이든 민영이든 기업이다. 기업은 이익을 늘리고 지출을 줄이는 전략을 쓴다. 그렇다면 미디어 기업도 전략적으로 두 가지(공적 책무와 ESG 경영) 행위를 한 가지로 통합하거나 가능한 최소화하는 전략적 접근 유혹에서 쉽게 벗어나지 못하는 것이다.

국내 미디어 기업의 ESG 대응 수준은 플랫폼 기업〉방송사〉신문사 순이다. 신문사는 지속가능성 관련 체계적인 대응에 대해 전혀 고려하고 있지 않다. 방송사는 선언적 의미의 발표는 있으나 실천적 의미로 보았을 때 신문사와 크게 다르지 않다. 오히려 방송사의 공적 책무를 지속가능성 경영으로 탈바꿈시키는 임시방편 혹은 보여

주기식 대처만 할 뿐이다. 플랫폼 기업은 이전부터 지속가능성 경영을 대비해오고 있고, 신문사나 방송사보다 재정적 여력이 있어 글로벌 표준에 맞춰가고 있다. 아쉬운 점은 플랫폼 기업들의 지속가능성 경영보고서 내용의 질이다. 최근 국내 엔터테인먼트 기업들이 공개하는 지속가능성경영보고서를 살펴보면, 여전히 자사 아티스트들에 대한 홍보성 정보가 많다.

2. 일회성 이벤트 사업

미디어 기업이 지속가능성 경영 관련하여 어떤 행동을 하면 진정성이 있다고 할 수 있는가? 미디어 기업이 돈을 많이 투여한 경우, 미디어 기업 종사자가 많이 참여한 경우, 미디어가 대대적으로 홍보한 경우 등 다양하게 답을 할 수 있다. 지속가능성 경영과 기업의 진정성 간의 상관관계 연구에서 기업의 진정성은 활동 주체가 끊임없이 해당 활동을 수행할 때 형성된다고 한다(우형진, 2022). 즉 진정성의 전제조건은 지속성이다. 오랜 기간 끊임없이 기업이 약속한 사회책임활동과 지속가능성 실천방안을 모색할 때 사람들은 기업의 진정성에 공감한다. 만약 미디어 기업의 기부 활동, 환경정화 활동, 인권증진 활동, 투명경영 선언이 1회로 끝나거나 몇 회 진행하다 중단된다면, 이해관계자들은 그 행사의 의도나 진정성을 의심하게 될 것이다.

진정성은 사실에 근거한 것, 거짓된 행동을 보여주지 않는 것, 내면상태와 행동이 일치되는 것을 의미한다(이미영 · 최현철, 2012). 소비자들은 이윤추구 본성을 가진 기업이 사회적 책임 활동을 진행할 때 상업적 의도가 높다고 추정하면 순수성 결여를 판단하고, 부정 평가를 내리는 경향이 있다(Becker-OLsen, Cudmore, & Hill, 2005). 소비자들은 기업의 지속가능성 경영의 진정성을 판단할 때 수행 동기를 평가하는 편이다. 만약 소비자들이 어떤 기업의 사회책임활동을 기업 이익 추구 동기에 따른 것으로 본다면, 진정성이 없다고 판단할 것이다(Beckman, Colwell, & Cunningham., 2009). 소비자는 기업의 CSR 평가를 기본적으로 정직성, 진실성, 인품에 따라 판단하지만, 실제 그 상황을 파악하기 어려워 기업의 행동을 해석할 수 있는 단서를 찾는다(O'Connora, Shumate, & Miester, 2008). 그 단서는 적합성, 장기적 집행, 그리고 책임감이다(이미영·최현철, 2012). 이 단서 중 기업의 지속가능성 실천에 대한 진정성이 외부로 잘 드러나는 요인이 '장기적 집행'이다. 사람들은 기업이 ESG 영역에서 자신이 약속한 실천 행위를 얼마나 지속하는지에 따라 기업에 대한 평가를 달리할 것이다.

사람들은 기업의 어떤 행위에 대해 무조건 지지하거나 기업의 의도를 있는 그대로 받아들이지 않는다. 예를 들어 대기업 총수가 노인회관을 방문하여 몸을 가눌 수 없는 노인의 몸을 씻기는 장면이 방송되었다고 하자. TV 시청자들은 출연한 대기업 총수를 맹목적으로 존경하고, 사회적으로 필요한, 인격적으로 훌륭한 사람이라고 평가할 것인가? 다수는 "또 무슨 사고 쳤구만!"과 같이 생각할지 모른다. 실제 기업 일가의 갑질(예: 피죤, 대한항공, 미스터 피자 사례), 건강과 안전 실패(예: 옥시, 맥도날드, 쓰레기 만두 사례), 개인정보노출(예: 하나로텔레컴, 홈플러스, 배달의 민족 사례), 데이터보호 실패(예: KT, 카카오 사례), 사내 성폭력(예: 넥슨, 한샘, 재능교육 사례), 작업장 안전 실패(예: SPC삼립, GS건설, DL이앤씨 사례)가 소비자 불매운동으로 번진 경우가 있었다. 이럴 때, 기업은 크게 두 가지로 위기관리를 한다. 첫째, 부인, 전가, 무대응이다. 둘째, 기업의 사회적 비난을 무마하기 위해 리스크 관리 프로세스를 실행하여 기업의 긍정적이고 선한 면을 부각시킨다. 또는 기업의 사회공헌활동에 대한 보도자료를 배포한다. 기업 위기관리라는 명목으로 "뉴스 물타기", "프레스 마사지", "언론조작"을 시도하는 것이다. 기업은 사회적으로 비난받을 만한 문제와 연루되었을 때, 혹은 오너 리스크로 인해 기업가치가 하락할 경우, 미디어를 통해 여러 형태의 리스크관리를 해왔다. 시청자들은 재벌 총수와 자제들의 갑작스러운 '고아원 방문', '연탄 나르기', '기부금 제시', '오너 재산 사회 환원'[1] 등을 여러 차례 경험했다. 사람들은 기업의 불법행위와 도덕적 해이가 사회공헌활동, 사회책임활동, ESG 기업경영과 연동하면서 기업의 부정과 부패를 가리는 가림막 역할[2]을 한다는 것을 잘 알고 있다. 소비자는 바보가 아니다.

기업의 진정성이 결여된 지속가능성 경영 실천 활동은 금방 드러난다. 대부분 일회성 이벤트가 될 여지가 많다. 기본적으로 기업의 경영진이 지속가능성 경영 활동에 투자할 의지가 없거나 예산을 배정할 상황이 아니라면, 기업이 약속한 환경경영, 윤리준법경영, 투명

1 부영그룹 이중근 전 회장, 2세 경영 승계없이 2023년 5월 말부터 6월 초순까지 주변 친인척, 고향민, 초중고 동창, 지인, 단체 여러 곳에 현금 선행 지급. 이중근 전 회장이 개인적으로 기부한 현금은 약 1,400억 원에 달한다(녹색경제신문, 2023.7.3).

2 2023년 8월 14일 윤석열 대통령은 경제살리기 명분으로 특정경제범죄법을 위반해 유죄를 최종 선고받은 부영그룹 이중근 전 회장을 비롯한 경제인 12명을 특별사면했다(로리더, 2023.8.15).

경영을 장기간 추진할 수 없다. 미디어 기업 경영진의 지속가능성 경영 인식이 부족한 상태에서 일련의 ESG 활동들은 일회성 이벤트로 끝날 여지가 많다.

3. 그린워싱

최근 ESG 열풍이 불면서 ESG 경영, ESG 투자, ESG 펀드 등 다양한 ESG 프로그램이 소개되고 있다. 심지어 기업뿐만 아니라 공공기관, 개인들도 ESG에 대해 관심을 표명한다. 일례로, 젊은 세대는 다른 세대에 비해 친환경에 대한 관심이 많은 편이다. 중장년층보다 미래의 시간이 많이 남겨진 젊은 세대는 그들이 주류가 되었을 때 겪을 수 있는 환경파괴, 대기오염, 유전자 조작 등으로 인한 변화에 민감하다(정혁진 · 김한구, 2023). 이런 점에 기인하여 기업들이 자사의 마케팅 전략과 ESG를 접목하는 과정에서 비윤리적인 결과를 낳기도 한다.

가장 대표적인 것이 "그린워싱"(Greenwashing)이다. 그린워싱은 환경운동가 겸 멸종위기종(endangered species) 연구자 제이 웨스터벨드(Jay Westerveld)가 남태평양 여행 중 호텔의 "환경보호를 위해 수건을 재활용해주세요"라는 카드 명패 문구[3]에서 영감을 얻어 착안

3 "Every day millions of gallons of water are used to wash towels that have only been used once. You make the choice: A towel on the rack means, 'I will use again.' A towel on the floor means, 'Please replace.' Thank you for helping us conserve the Earth's vital resources"(Sullivan, 2009.8.1; Motavalli, 2011.2.12).

한 용어다. 당시 호텔업계는 지속가능성보다 세탁 비용을 절감할 목적으로 투숙객들에게 환경을 위해 타월 재사용을 권고했다. 이는 호텔이 마치 환경을 목적으로 캠페인을 진행하는 것처럼 보이지만 실제는 호텔의 경제적 이득을 위한 계략이었다. 그린워싱은 기업이 실제와 달리 가짜 친환경 브랜드를 만들려는 "위장환경주의"를 의미한다. 기업이 실제와 달리 자사의 상품 생산과 서비스 운용 과정에서 친환경 소재를 활용한다는 점을 강조하여 소비자를 속이는 마케팅 행위다. 기업이 근거없이 일부 효능이나 원료를 과장하여 "클린에너지", "그린 IT", "100퍼센트 천연" 등의 표현을 제품에 붙이는 경우가 대표적인 예이다(이로운넷, 2022.1.14). 기업은 플라스틱 대신 종이를 사용한 포장재 이용, 생분해성 일회용 컵 사용, 동물실험 안 한 화장품 등 다양한 친환경 소재 및 상품을 대대적으로 홍보하지만 실상은 그와 반대인 경우가 많이 적발되었다.

기업이 친환경을 표방하면서 마케팅 전략이나 기업 수익사업과 연계하는 방법은 다양하다. 캐나다 친환경 컨설팅 그룹 "테라초이스"(TerraChoice)는 그린워싱을 시도하는 기업의 행위를 7가지로 정리했다(우형진, 2022). 첫째, 상품의 여러 특성 중 반환경적 요소를 감추는 '상충효과 감추기'(Hidden Trade-offs), 둘째, 명확한 친환경 인증없이 친환경 제품이라고 주장하는 '증거불충분'(No Proof), 셋째, 제품에 대한 복잡한 설명으로 소비자를 기만하는 '애매모호한 주장'(Vagueness), 넷째, 환경보호와 관련없는 요소를 강조하는 '관련없는 주장'(Irrelevance), 다섯째, 친환경 성분이 아닌데 친환경이라고 홍보하는 '거짓말'(Fibbing), 여섯 째, 친환경 요소는 없으나 경쟁사보다 낫기 때문에 친환경 제품이라고 주장하는 '유해 상품의 정당화'(Lesser of Two Evils), 일곱 째, 공인환경인증서와 비슷하게 보이는 이미지를 부착하여 친환경 제품으로 오인하게 만드는 '부적절한 라벨링'(Worshiping False Labels)이다.

예를 들어 스타벅스는 플라스틱 빨대 대신 종이 빨대를 도입하고, 친환경 기업 이미지를 대대적으로 홍보했다. 그러나 종이 빨대 역시 다회용품이 아닌 일회용품이고, 종이 빨대를 만드는 과정에서 벌목이나 탄소배출이 이루어져 실질적인 친환경 기업 행위를 한 것인지 판단하기 어렵다. IT 기업 Apple의 경우, 2018년 친환경 목표를 달성하기 위해 폐기된 스마트폰 속의 희토류를 분해하고 재활용해서 아이폰 12 부품 제작에 활용하겠다고 발표했다. 2020년 Apple은 탄소중립목표 달성을 이유로 충전기와 유선 이어폰이 없는 iPhone 12를 출시했다. 그러나 소비자들은 Apple의 진정한 목표가 친환경이 아니라 상품의 원가를 절감하고 새롭게 출시할 무선 이어폰 판매를 증대하기 위한 전략이라고 비판했다. 또한 소비자들은 Apple이 탄소배출 책임을 자신들에게 전가하려 한다고 불만을 표했다.

친환경 제품의 정의는 크게 세 가지로 볼 수 있다. 첫째, 제품의 생산, 유통, 소비, 폐기, 전 과정에서 유해물질과 자연 자원 사용을 최소화한 제품, 둘째, 동일 용도의 다른 제품에 비해 자원 절약에 기여하고 환경오염을 줄일 수 있는 제품, 셋째, 친환경 인증이나 라벨링 등을 통해 제품의 친환경성을 공식적으로 인정받은 제품이다. 기업은 소비자의 친환경 기준에 대한 무지를 이용하여 "재활용"(recycling), "재사용"(reusable), "재생"(reproduction) 용어를 남발하고, 기업의 친환경 및 지속가능성 경영과 연결하여 수익증대를 위한 마케팅 전략으로 사용한다.

기업은 SNS를 그린워싱을 위한 도구로 적극 활용한다. 2022년 그린피스는 하버드 연구진에 의뢰하여 자동차, 항공사, 화석연료 채굴 기업이 SNS에 올린 친환경 콘텐츠를 분석했다. 연구 결과에 따르면, 기업들 대부분이 친환경, 지속가능성, 청정에너지, 태양열 등을 언급했지만 실제로 관련 사업을 추진하는 내용이 있는 정보는 매우 적었다(뉴스펭귄, 2022.9.22). 2023년 그린피스는 「소셜미디어로 침투한 대기업 위장환경주의」 보고서를 발표했다. 보고서에 따르면, 1년 동안 인스타그램에 친환경 계정을 한 건이라도 게재한 기업이 전체의 41.35%였고, 온실가스 감축 노력이 시급한 정유·화학·에너지 분야 그린워싱 사례가 가장 많은 것으로 나타났다(에너지데일리, 2023.8.29).

위의 사례가 기업이 미디어를 이용하여 위장환경주의를 조장한 것이라면, 반대로 미디어가 기업을 위해 적극적으로 반환경주의적 양태를 보이는 경우도 있다. 그린워싱은 기업이 소비자를 속여 기업 이미지를 친환경적으로 각인시키는 것이다. 이 과정에서 미디어의 의도적 개입은 기업의 그린워싱을 조장하거나 확대·재생산한다. 기업은 미디어를 통해 자사의 친환경 행사, 기술, 제품, 서비스 등에 대한 홍보를 강화해왔다. 신문사의 사회공헌활동 세 가지 구성요소 중 세 번째가 '사회공헌중재활동'이다. 사회공헌중재활동은 신문사가 기업의 환경보호 활동을 기사로 홍보해주거나 위탁받아 대신 수행하는 것이다. 만약 신문사가 기업의 거짓된 친환경 행태를 보도해주었다면, 기업의 그린워싱을 널리 홍보한 셈이다. 만약 신문사가 그 진실을 알면서도 보도한 것이라면, 의도치 않게 범죄를 저지른 것이 아니라 공범 노릇을 한 셈이다. 신문사의 본연적 언론 활동은 기업을 감시하여 그린워싱을 하지 않도록 경종을 울리는 것인데 반대로 기업의 그린워싱을 광고·홍보해줌으로써 소비자를 기만하는 역할을 돕는 경우가 있다. 더 나아가 미디어가 기업을 대신하여 반환경적 분위기를 조장하는 경우도 있다. 가장 대표적인 사례가 '온실가스 감축정책이 경제위기를 초래'한다는 "협박"이다(한겨레21, 2022). 이건 특정 기업의 반환경적 행태를 친환경적이라고 기만한 것은 아니지만, 기업의 친환경 정책이 오히려 기업 파산의 지름길이라는 분위기를 조장하는 것이다. 이런 종류의 기사는 인류 생존과 기후위기에 대한 경계를 낮추고, 기업의 이익을 우선하는 보도를 하는 것이다. 언론사의 재계 입장 대변 보도는 어제 오늘 일이 아니다. 특히 경제신문의 이런 보도는 기업의 그린워싱을 간접적으로 도와주는 셈이다. 기업의 광고비는 언론사 재정에서 큰 비중을 차지한다. 언론사는 자신의 수입을 담당하는 기업이 불편해하는 친환경, 사회적 책임, 지속가능성 부분에 대한 반(反)정서를 만들어서 기후위기 대응을 방해하기도 한다. 국내 언론사 중 일부는 지속불가능한 자본주의 시스템을 숨기려는 기업의 입장을 대변하고, 기후위기의 심각성을 왜곡하는 나팔수 역할을 한다는 비판을 받고 있다. 2050 탄소중립 시나리오가 발표되었을 때, 기업의 희생을 강요하고 일자리 충격을 가져올 것이라는 보도(조선일보, 2023.3.13; 쿠키뉴스, 2011.11.19), 태양광 설비를 위해 나무를 많이 벌목했더니 장마 때 산사태가 발생했다고 주장하는 기사(매일경제, 2022.8.23)는 그린워싱보다 더 심각한 언론의 반환경적 왜곡과 기만을 보여준다.

4. 언론사의 ESG 마케팅

2020년 이후, 많은 기업이 글로벌 ESG 트랜드 현상을 모니터링하고 분석하기 시작했다. 세계 각국 정부가 자국 산업에 대한 ESG 정책과 규제를 적극적으로 내놓았다. 우리나라 산업통상자원부도 「K-ESG 가이드라인」을 발표했다(산업통상자원부, 2021). 국내 주요 경제단체와 대기업들은 ESG 대응을 강조하고 나섰다. 뒤이어 주력 기업들이 ESG 경영을 선포하고, ESG 위원회를 설립하며, ESG 관련 교육 및 포럼을 개최했다. 많은 일반기업이 자신만 ESG 트랜드에 뒤떨어지는 것은 아닌가 하는 강박감과 초조함에 조바심이 생겨 ESG 대열에 동참하게 되었다. 국내 컨설팅 기관, 신용평가사, 언론사 등이 전담부서를 신설하거나 확대하여 ESG 서비스 시장에 참여하게 되면서 국내 기업 ESG 평가 시장에 생태계가 형성되었다. ESG 평가전문기관, 회계법인, 법무법인, 언론사가 기업 ESG 관련 실천방안 개발, ESG 경영 자문, 지속가능성경영보고서 작성 및 공시 자문, ESG 우수기업 시상 등을 시작했다(한국공인회계사회, 2022).

ESG 전문성이 부족한 언론사가 어떤 이유와 근거로 일반기업의 ESG 실천활동을 평가하고 시상하는지 의아할 것이다. 여기에 언론사의 ESG 마케팅이 숨겨져 있다. ESG는 투자자의 언어다. ESG 평가는 투자자가 기업투자를 위해 투자 대상 기업의 재무 및 비재무 영역에 대한 관리 수준과 내부정보를 파악하고, 기업가치를 가늠하는 프로세스다. 일반적으로 기업가치를 평가할 때, 회계감사에 의한 기업의 연결재무제표 평가가 전부다. 기업은 그동안 연결재무제표를 바탕으로 사업보고서를 작성하고 회계감사를 받아왔기 때문에 재무 영역의 대응은 비교적 익숙하다. 상대적으로 비재무 영역에 대한 측정, 평가, 보고서 작성은 준비 수준이 낮은 실정이고 표준화되어 있지도 않다. 그러나 현재 기업 환경은 ESG 관련 준비가 시급한 상태다. 기업은 기존 신용평가사나 기업지배구조 평가기관의 ESG 평가에 의존할 수밖에 없다. 더불어 표준화가 확정되지 않은 ESG 영역에서 나름대로 성과를 축적하고 기업홍보를 하려면 자사 ESG 경영을 부각시키기 위한 포트폴리오가 필요하다. 예를 들어 언론사의 ESG 시상식에서 높은 등수를 받거나 수상하는 것은 기업의 브랜드 자산관리 차원에서 중요하다. 일반 소비자나 이해관계자들은 기업의 ESG 관련 세부 정보를 알지 못하고, 알아도 이해하기 어렵기 때문에 기업은 이들에게 소구할 수 있는 직관적인 ESG 브랜드 연상이 필요했다. 언론사는 이 지점을 정확히 공략했다. 예를 들어 금융권의 경우, 자산운용사는 기존 투자펀드에 ESG적 요소를 살짝 담아 녹색채권이나 사회적 채권의 형태로 발행하여 마치 투자펀드가 ESG적 요소를 강화한 사회책임투자인 것처럼 포장한다. ESG 금융상품에 대한 어떤 기준이나 지침이 없으니 동일 ESG 펀드에 친환경 기업투자 포트폴리오와 화석연료 채굴 기업의 포트폴리오가 함께 들어 있어도 투자자들은 잘 모른다. 한마디로 금융상품에 ESG 워싱이 들어 있는 것이다. 금융권과 마찬가지로 언론사는 ESG 심사위원회를 구성하여 기업의 ESG 활동을 평가한다. 더불어 언론사는 특정 기업의 ESG 활동 관련 기사를 내보내면서 기업의 친환경, 친사회, 투명한 지배구조 수준을 홍보해준다. 언론사가 구성한 심사위원의 자격, ESG 평가항목, 평가 절차가 어떤지 불투명하다. 이런 메카니즘 속에 기업과 언론 간의 모종의 거래가 가능하다. 종합하면, 기업 ESG 경영에 대한 명확한 기준, 표준, 분류 구분도 없이 언론사들은 자사가 가지고 있는 신뢰도와 근거 없는 권위를 바탕으로 ESG 심사위원회, 기준, 절차를 만들고, 심사를 통해 평가를 원하는 기업에 ESG 등급을 부여한다. ESG 심사의뢰를 신청한 기업이 높은 등급이나 점수가 나왔을 경우, 이를 다시 언론사에 보도자료로 배포하고, 기업은 이 기사를 기업홍보 수단으로 이용한다.

한국언론진흥재단 뉴스 빅데이터 분석시스템 「빅카인즈」에서 'ESG 경영'을 검색한 결과, 2020년 2,900여 건의 기사가 생산되었는데, 1년 후 2021년은 2만 9,000여 건으로 10배 증가했다. 언론사가 개최하는 행사에 ESG 이름이 대거 등장했다. 경제신문사들을 중심으로 'ESG 포럼' 개최가 유행처럼 늘어났고, ESG 관련 각종 세미나, 시상식, 컨퍼런스 등이 개최되어 언론사의 새로운 캐시카우(cash cow)가 되었다(한국기자협회, 2022.8.1). 다음의 내용은 우리나라 경제신문사들의 ESG 관련 구체적 활동이다(미디어어스, 2021.7.22). 매일경제와 한국경제는 '기업 관련 보도'를 기업 ESG평가에 반영한다. 이들 언론사는 ESG 유료회원제 가입 홍보성 기사를 게재한다. 매일경제는 "ESG 클럽 가입 기업에 1대 1 컨설팅", 한국경제는 "대한민국 ESG 클럽 가입 기업에 경영 교육 · 평가 보고서 및 경영 · 활동 자문" 등의 서비스를 제공한다. 한국경제는 대한민국 ESG 클럽 가입사에 ESG 경영대상 심사 평가비 할인을 해주고 있다. 조선비즈는 지속가능경영클럽 가입사에 평가 가산점을 주고 있다. ESG 평가기관을 자처한 경제신문사가 ESG 컨설팅까지 하고 있는 셈이다. 매일경제의 경우, ESG 클럽 가입 자격 및 요건이 까다롭다. 가입 자격은 ESG 역량을 높이고 활발한 네트워킹을 희망하는 기업, 금융, 공공기관이다. 연회비는 코스피 상장사 또는 매출 1조원 이상 비상장사는 2,000만 원(VAT별도), 코스닥 상장사 또는 매출 1조원 미만 비상장사는 1,000만 원(VAT별도)이다.

우리나라 언론사는 기업의 ESG 활동 평가자로 자처하지만 정작 자신들은 ESG에 관심없고, 돈벌이 수단의 하나로 활용하고 있다는 지적을 받고 있다. 한국광고주협회가 실시한 국내 200대 기업 광고·홍보 담당자 대상 실태조사에 따르면, 응답자의 90%가 언론의 ESG 관련 기사나 행사 개최가 기업 ESG 전략 수립에 도움이 되지 않거나 도움이 되는지 모르겠다고 답했다. 모든 언론사가 ESG를 수익 창출 도구로 인식하지 않으나 일부 언론사는 지자체, 공공기관, 사기업을 상대로 엄청난 참가비와 협찬을 받아 ESG 포럼이나 컨퍼런스를 운영하고 있다고 보도했다(한국일보, 2023.3.1). 기업과 광고주들은 "울며 겨자먹기식"으로 언론사의 ESG 마케팅에 응할 수밖에 없다. 기업은 언론사의 눈치를 보지 않을 수 없기 때문이다.

녹색경제신문 (2023.7.3). 이중근 부영그룹 회장, '2세경영' 승계없이 '현금선행' 이유는...고향주민, 친구 등에 1,400억 원 기부, Retrieved 9/1/2023 from http://www.greened.kr/news/articleView.html?idxno=304575

뉴스펭귄 (2022.9.22). 소셜미디어, 기업의 '그린워싱' 도구로 전락, Retrieved 9/1/2023 from https://www.newspenguin.com/news/articleView.html?idxno=12432

로리더 (2023.8.15). "박찬구 · 이호진 · 이부영 '사면' 재벌 특혜...반성 없는 비리기업인", Retrieved 9/1/2023 from http://www.lawleader.co.kr/news/articleView.html?idxno=11271.

매일경제 (2022.8.23). 환경파괴 · 산사태 위험 태양광 점검 강화는 비정상의 정상화, Retrieved 9/1/2023 from https://www.mk.co.kr/news/editorial/10431168

산업통상자원부 (2021). K-ESG 가이드라인 v1.0, Retrieved 8/21/2023 from https://www.motie.go.kr/motie/py/gh/Publication/bbs/bbsView.do?bbs_seq_n=631&bbs_cd_n=30

신혜선 · 이영주(2020). 종합편성채널 사업자에 대한 재승인 심사제도 및 재승인 조건에 대한 비판적 고찰: 20142017년 재승인 심사 백서를 중심으로, 〈한국방송학보〉, 34권 3호, 73-110.

에너지데일리 (2023.8.29). "소셜미디어 활용한 국내 대기업 '그린워싱' 심각하다", Retrieved 9/1/2023 from http://www.energydaily.co.kr/news/articleView.html?idxno=139655

우형진 (2018). 국내 언론기업의 CSR 인식과 실행에 관한 연구: CSR 업무 및 연구경험자 심층인터뷰를 중심으로, 〈한국언론학보〉, 62(2), 81-111.

우형진 (2022). 미디어 기업의 ESG. 서울: 커뮤니케이션북스.

이로우넷 (2022.1.14). ESG 정착에 가장 위험한 ESG 워싱, Retrieved 9/1/2023 from https://www.eroun.net/news/articleView.

html?idxno=27387
이미영 · 최현철 (2012). CSR 활동의 진정성이 기업태도에 미치는 영향에 관한 연구, 〈한국언론학보〉, 56권 1호, 58-83.
정혁진 · 이한구 (2023). MZ세대가 지각하는 기업의 사회적 책임과 무책임이 브랜드 거리감에 따라 온라인 구전의도에 미치는 영향: 브랜드 동일시와 이기적 동기추론의 매개효과, 〈소비문화연구〉, 26권 2호, 67-90.
조선일보 (2023.3.13). 9조 투자받은 석유화학 "생산 느는데 탄소 20% 줄이라니", Retrieved 9/1/2023 from https://www.chosun.com/economy/industry-company/2023/03/13/ENGI5NRH35DXBJWJLY3MCYOAEI/?utm_source=naver&utm_medium=referral&utm_campaign=naver-news
쿠키뉴스 (2021.11.19). "탄소중립으로 일자리 · 부품 감소 우려...근본적인 대책 마련 절실", Retrieved 9/1/2023 from https://www.kukinews.com/newsView/kuk202111180209
한겨레21 (2022.9.23). 언론이 '그린워싱' 나팔수 노릇 해서야, Retrieved 9/1/2023 from https://h21.hani.co.kr/arti/society/environment/52604.html
한국공인회계사회 (2022). ESG, 한 권에 담았다. 서울: 경성문화사.
한국기자협회 (2022.8.1). 쏟아지는 ESG경영 기사들, 언론사 · 미디어 기업 현주소는, Retrieved 9/1/2023 from http://www.journalist.or.kr/news/article.html?no=51943
한국일보 (2023.3.1). 언론사 수익구조와 ESG, Retrieved 9/1/2023 from https://www.hankookilbo.com/News/Read/A2023022818440005995?did=NA
Beckmen, T., Colwell, A., & Cunningham, P. H. (2009). The Emergence of Corporate Social Responsibility in Chile: the importance of authenticity and social network. *Journal of Business Ethics, 86*, 191-206.
Becker-Olsen, K. L., Cudmore, B. A., & Hill, R. P. (2005). The Impact

of Perceived Corporate Social Responsibility on Consumer Behavior. *Journal of Business Research, 59*, 46-53.

O'Connora, A., Shumate, M., & Meister, M. (2008). Walk the line: Active moms define corporate social responsibility. *Public Relations Review, 34*, 343-350.

Motavalli, J. (2011.2.12). A History of Greenwashing: How Dirty Towels Impacted the Green Movement, Daily Finance, Retrieved 9/1/2023 from https://web.archive.org/web/20150923212726/http://www.dailyfinance.com/2011/02/12/the-history-of-greenwashing-how-dirty-towels-impacted-the-green/

Sullivan, J. (2009.8.1). 'Greenwashing' gets his goat, Retrieved 9/1/2023 from https://www.recordonline.com/story/news/2009/08/01/greenwashing-gets-his-goat/51926672007/

제10장

미디어 기업의 지속가능성 경영과 미래전략

1. 지속가능성 경영의 전제조건

일반적으로 기업이 지속가능성 경영을 추진한다고 하면, 모두 환경보호, 사회공헌, 윤리경영을 한다고 생각한다. 또한 기업이 본질적 존재 이유인 "이익" 추구보다 ESG 영역의 탄소중립 실현, 인권보호, 투명한 지배구조에 더 역점을 두는 것으로 간주한다. 여기에 큰 오해가 있다. 기업의 지속가능성 경영은 늘 외부에 드러나는 모습에 초점이 맞추어진다. 지속가능성 경영이 곧 환경보호 행사이자 지역사회 봉사로 여겨진다. 기업의 지속가능성 경영을 반대하는 측은 기업이 이익 창출에 집중하지 않고, 환경, 사회, 지배구조 문제에 비용지불하는 것을 못마땅하게 생각한다. 이들은 기업의 지속가능성 경영을 반기업, 반시장, 반자본주의적 행태로 해석한다. 더 심한 경우, 기업의 지속가능성 경영은 좌파적 사회주의에 가깝다고 힐난하기도 한다.

이것은 지속가능성 경영을 이해하지 못한 무지에서 비롯된 것이다. 기업의 지속가능성 경영은 이익을 축소하거나 경제적 책임을 방기하고 사회·환경적 이슈에만 매달리라는 것이 아니다. 지속가능성 경영은 기업과 연관된 잠재적 위험과 기회를 중장기적으로 관리하는 것이다. 과거처럼 기업이 재무구조 부분만 관리하는 것이 아니라 기업과 연관된 환경, 사회, 지배구조와 같은 비재무 영역에 대해 파악하고, 기록된 ESG 관리 정보를 표준화된 틀을 통해 공개하는 것이다. 해당 기업의 공개된 지속가능성 경영 표준 정보는 기업가치를 평가하는 투자자, 기업을 감시하는 시민단체, 기업 운영을 견제하는 노조, 기업의 법 준수를 검증하는 정부, 기업의 상품을 이용하는 소비자, 기업이 위치한 지역사회의 이해관계자들을 위한 기업가치 판단 자료가 된다.

기업의 지속가능성 경영이 제대로 운영되려면 두 가지 전제조건을 만족해야 한다. 첫 번째 전제조건은 "지속가능성경영보고서 의무작성과 정기 공시"다. 아무리 좋은 의도, 엄청난 성과, 이해관계자들의 칭찬이 있다고 하더라도 체계적, 조직적, 표준화된 지속가능성 경영보고서 작성과 공개가 이루어지지 않는다면, 기업의 지속가능성 경영은 "속 빈 강정"에 불과하다. 지속가능성경영보고서에 담긴 정보는 일곱 가지 준거기준을 맞춰야 한다. 첫째, "목적적합성"이다. 기업의 지속가능성 경영 정보는 이해관계자들이 원하는 내용이 포함되어야 한다. 기업의 지속가능성 경영 정보가 의미 있으려면 이해관계자의 정보 이용 목적과 부합해야 한다. 기업이 원하거나 보여주고 싶은 정보만 제공하면 안된다. 둘째, "완전성"이다. 이해관계자가 부정적으로 평가할 수 있는 지속가능성 경영 정보를 삭제하면 안된다. 셋째, "신뢰성"이다. 기업이 공개한 지속가능성 경영 정보를 다른 검사자가 검증해도 일관된 결과가 산출되어야 한다. 넷째, "중립성"이다. 기업의 지속가능성 경영 정보는 기업의 긍정적인 부분과 부정적인 부분이 모두 포함되어 이해관계자들을 호도하지 말아야 한다. 다섯째, "이해가능성"이다. 이해관계자들이 기업의 지속가능성 경영 정보에 대해 쉽게 파악할 수 있어야 한다. 여섯째, "비교가능성"이다. 기업의 지속가능성 경영 정보는 동종 업종 타 기업의 정보와 비교할 수 있어야 한다. 일곱째, 정보 공개의 "정기성"이다. 기업의 지속가능성 경영 정보는 특정 기간 이루어진 기업의 지속가능성 요소를 측정하고, 해당 내용을 정기적으로 공개해야 한다.

구조적으로 문제있는 기업이 아니라면, 대부분 기업은 지속가능성 경영을 이미 시행하고 있다. 기업은 사회공헌, 자선활동, 지역 봉사 등을 기업 행위의 일부로 여기고 본 사업과 병행하고 있다. 기업은 환경 법규를 준수하고, 종업원의 인권보호를 위해 여러 제도를 운영하고 있다. 기업 경영자들은 이미 여러 가지 사회공헌, 사회책임, 환경보호 활동을 하고 있는데, 이것을 체계적으로 측정, 평가, 공개하려면 관리 비용이 많이 들어간다고 불평한다. 사실 비재무 분야 관리에서 발생하는 비용은 큰 문제가 아니다. 이것은 기업 CEO의 의지 문제이지 예산의 문제가 아니다. 그러나 기업 CEO들은 ESG 활동, 사회책임활동, 투명경영 실천의 긍정적인 면을 인정하면서도 눈에 보이는 이익과 손해 때문에 지속가능성 경영을 주저한다. 만약 기업 CEO들이 지속가능성 경영을 기업 이익에 부합하는 중장기 경영전략으로 확신한다면, 이유 불문하고 지속가능성 경영방식을 수용할 것이다. 기업 혹은 기업 CEO가 이 벽을 넘지 못하기 때문에 보다 강제적이고 의무적인 자기 평가 방식으로 기업의 지속가능성경영보고서 작성과 공개가 이루어져야 한다. UN, 각 정부, 시민단체 등은 기업이 자율성에 기반하여 지속가능성경영보고서를 작성하도록 권고하고 있다. 그러나 기업의 지속가능성 경영은 경영자의 선한 의지나 윤리의식에 기반하게 되면 오래가지 못하고, 기업의 재무 상황에 따라 언제라도 철회될 수 있다. 기업이 현재 수행하고 있는 비재무 영역의 사업과 관행들을 글로벌 표준에 맞게 정리하고, 부족한 부분을 채워서 자사의 위험과 기회 관리에 어떤 영향을 미치는지 평가할 수 있는 수단을 마련해야 한다. 자사의 비재무적 영역에 대한 비교 가능한 지표들이 있어야 타사, 소속된 산업, 글로벌 트랜드와 얼마나 떨어져 있는지 확인할 수 있다. 지속가능성 경영은 지속가능성경영보고서 작성을 의무화해야 체계적으로 시행될 수 있고, 기존의 지속가능성 관련 업무나 관행들이 글로벌 표준에 맞게 정리된다. 이미 변화는 시작되었다. 기업의 자율적인 지속가능성경영보고서 작성과 공개가 제대로 이루어지지 않기 때문에 상장거래소 지침, 정부 산업 규제 조항, 글로벌 무역 관행으로 강제되고 의무화하고 있는 중이다. 기업이 지속가능성 경영 정보 보고체계 대비를 하지 않는다면, 향후 규제 비용을 감당하기 어려울 정도로 부가 비용이 크게 늘어날 것이다.

두 번째 지속가능성 경영 전제조건은 자사의 "설립 의미"를 다시 정립하는 것이다. 기업이 현재와 같은 산업 생태계에서 생존할 수 있는 방법은 두 가지다. 첫째, 최대한 수익을 높여서 이익 극대화를 이루어야 한다. 둘째, 최대한 손해를 줄여서 손실 수준을 낮춰야 한다. 너무나 당연한 말이고, 누구나 내릴 수 있는 처방이다. 그러나 시장 상황이 경쟁 심화 상태라면, 가장 합리적이고 상식적인 위 경영전략이 제대로 작동되지 않는다. 왜냐하면 기업이 가져가야 할 파이 자체가 작고, 그 파이를 놓고 싸워야 할 경쟁자들은 더 많아졌기 때문이다. 이익은 더 줄어들고, 손실은 더 커진 상황이다. 기업은 자본주의가 고도화된 시장에서 작은 이익이라도 생긴다면, 수단과 방법을 가리지 않는다. 기업은 자사의 이익을 위해 어떤 손실도 허용하지 않는다. 그 손실의 원인이 외부 경쟁사에 있든, 내부 종사자에 있든 상관없다. 오직 이익 추구를 위해 자사의 존재 이유와 자기성찰을 고려하지 않는다. 기업이 지속불가능한 경영을 하다보면 적발되고, 고발되고, 기소된다. 뒤이어 기업가치가 하락하고, 주가가 떨어지고, 투자자들이 떠나게 된다. 부채가 늘어나고, 자본잠식이 이루어지고, 파산신청과 법정관리를 받아야 한다. 너무 부정적 시각으로 기업을 바라본 것인가? 매년 4월이 되면 주식시장에서 기업들이 상장폐지 된다. 상장폐지는 회계감사의 '의견거절'[1]에서 시작된다. 회계감사인의

1 회계감사기준 감사기준서 705 감사의견의 변형에 따르면, 회계감사인은 회사가 제시한 재무제표에 대한 감사를 수행하고, 그 결과에 대해 감사보고서를 통해 4가지 의견 중 하나를 표명하도록 되어 있다. ① 적정의견: 감사인이 감사 범위의 제한 없이 회계감사 기준에 의거해 감사한 결과, 재무제표가 재무제표 체계에 따라 작성되었다고 결론을 내릴 경우, ② 한정의견: 감사인이 충분하고 적합한 감사증거를 입수한 결과, 왜곡 표시가 재무제표에 개별적으로 또는 집합적으로 중요하지만 전반적이지는 않다고 결론을 내는 경우, ③부적정의견: 감사인은 충분하고 적합한 감사증거를 입수한 결과 왜곡 표시가 재무제표에 개별적으로 또는 집합적으로 중요하며 동시에 전반적이라고 결론을 내리는 경우, ④ 의견거절: 감사인이 감사의견의 근거가 되는 충분하고 적합한 감사 증거를 입수할 수 없어 발견되지 아니한 왜곡 표시가 있을 경우, 이것이 재무제표에 미치는 영향이 주요하고 동시에 전반적일 수 있다고 결론을 내리는 경우, 의견표명이 불가능한 경우, 또는 기업의 존립에 의문을 제기할 만한 객관적인 사항이 중대할 경우, 또는 감사인이 독립적인 감사업무를 수행할 수 없는 경우(삼일인포마인, 2023).

의견거절은 횡령, 배임, 분식회계 등에 의해 충분한 감사 자료를 확보하지 못하고, 왜곡 표시가 많아 전반적으로 투명하지 못하다고 판단될 때 내리는 감사의견이다. 기업은 경영철학에 입각한 중장기 경영전략 부재로 인해 대세를 추종할 수밖에 없고, 단기 이익에 몰두하다 보니 장기 성과에 대한 고려가 부족하다. 이런 점에서 굴라티(Gulati, 2022)의 "본질적 목적"(deep purpose)은 시사하는 바가 크다. 기업이 성공하길 원한다면 설립 초기 부르짖었던 "원대한 이상에 대한 목표 의식"이 기업문화와 관행 속에 살아 있어야 한다. 이 책의 주요 연구 대상인 국내 미디어 기업들은 자신의 존재 이유에 대한 본질적인 고민을 하지 않은 지 오래되었다. 공영, 민영, 신문, 방송, 통신, 인터넷, 콘텐츠, 엔터테인먼트, 데이터 기업 가리지 않고 모두 이익 증대를 목적으로 기업을 운영하고 있다. 자본주의 시스템 속에 완전히 동화되어 이익 이외의 것은 모두 하위에 있다. 심지어 공영방송도 영업이익이 감소하면 사회적으로 비난받고, 국회, 시민단체, 학계로부터 비판받는다. 공영방송이 이익을 남겨야 한다는 것도 우스운 말이다. 공영방송이 공적 책무를 다하지 않았다는 뜻이기 때문이다. 각 미디어 기업의 본질, 설립목적, 기업 철학은 어디론가 사라지고, 오직 자본 획득에 대한 열망만 남아 있을 뿐이다. 이런 상황이 결국 기업의 제1 목적을 "이윤 획득과 더 많은 이윤 획득"으로 만들어 버렸다. 기업이 이윤을 극대화하기 위해 환경을 파괴하고, 종업원 인권을 무시하며, 공정거래를 하지 않고, 투명하지 못한 기업경영을 추구하다 보니 현재와 미래의 사람들은 기후이변, 양극화, 경기침체 속에 살아갈 운명에 처한 것이다. 향후 우리 세상이 얼마나 지속될 수 있을지 예상하지 못한 체, 회색코뿔소의 존재만 확인하면서 불안

속에 살고 있다.

국내·외 미디어 기업들은 생존을 위해 무한경쟁 중이다. 미디어 산업에서 성공은 첨단 기술, 획기적인 콘텐츠, 일상 친화적 서비스를 어떤 기업이 주도하느냐에 달려 있다고 해도 과언이 아니다. 핵심은 각 미디어가 서로 독립적으로 때로는 중첩해서 우리 사회구성체의 특정 영역을 담당하고 있다는 것이다. 언론, 통신, 엔터테인먼트, 지식정보제공 등 각 분야에서 독보적인 영역을 점유하고 있는 미디어 기업이 있는가 하면, 여러 분야에 걸쳐서 뛰어난 성과를 나타내는 기업도 있다. 중요한 것은 자사가 존재해야만 하는 이유와 자기 정체성이 확실해야 설립목적과 지속가능성 경영이 연계되면서 추진될 수 있다. 자사의 설립목적이 "이 세상 돈을 다 버는 것"이라면, 굳이 지속가능성 경영을 선택할 필요가 없다. 물 들어올 때, 노 젓고 나가면 그만이다. 그러나 기업이 오랜 시간 시장에서 생존하기를 원한다면, "물 나갈 때"를 생각해서 재무와 비재무 관리라는 균형 잡힌 경영방식을 선택해야 한다. 지속가능성 경영은 인간사회의 물리적 환경 개선뿐만 아니라 기업의 물질적, 정신적, 실제 수익 면에도 긍정적 결과를 도출할 것이다.

2. 미디어 기업의 지속가능성 경영과 공적 책무

미디어 기업이 공적 이익을 우선하면 사적 이익이 감소하여 기업이 파산할까? 공영방송이 언론사 측면에서 공정성, 불편부당성, 객관성을 잘 담보하고, 문화 제공자 측면에서 대중문화, 오락, 예술 작품을 잘 만들어내며, 사회책임 측면에서 약자와 소수자를 보호하고, 재난주간 방송사로서 재난 경보와 재해구호를 성실하게 한다면 망할까? 엔터테인먼트 기업이 아티스트 인권을 보호하고, 표절하지 않으며, 마약, 음주운전, 성폭력 등을 예방하기 위해 인식개선 교육 프로그램을 운영한다면 망할까? 기업이 ESG 비재무 분야를 재무 분야만큼 관리하면 기업의 경쟁력과 효율성이 떨어질까? 지속가능성 경영은 기업이 감당하기 어려운 새로운 공공문제를 해결하라는 것이 아니라 기존의 사회공헌활동을 지속가능성 경영 틀 안에 넣고, 자사의 설립목적이나 특성에 맞게 잘할 수 있는 분야를 선택하고 집중하여 성과를 만드는 것이다. 그 성과는 기업의 몫으로만 끝나는 것이 아니라 모든 이해관계자의 이익으로 공유되고, 최종적으로 기업 이익으로 다시 수렴된다. 이 과정에서 사회공동체의 지속가능성은 확장된다.

국내 신문사, 방송사, 플랫폼 기업이 기존의 사회공헌, 사회책임, 투명경영 활동을 지속가능성 경영과 연계하여 자사의 위험과 기회를 관리한다면, 우리 사회의 공익과 지속가능성은 더 많이 확보될 것이다. 이런 점에서 각 미디어 기업의 특성과 지속가능성 경영 간의 연계 가능한 부분을 찾는 작업이 필요하다. 한국언론진흥재단은 「미디어 기업의 ESG 실천방안」연구 프로젝트를 통해 국내 신문사, 방송사, 플랫폼 기업이 추진해야 할 바람직한 ESG 실천의제를 도출했다(우형진 · 성용준 · 김용희, 2022). 총 17가지 ESG 실천의제[2] 중에 국

2 ①언론사 본연의 저널리즘적 활동(예: 공정보도), ②일반기업 ESG 홍보 및 지원 활동(예: 일반기업 사회공헌활동 홍보), ③자사 지배구조 투명성 확보(예: 이사회 구

내 신문사가 우선해야 할 ESG 실천의제는 1순위로 "언론사 본연의 저널리즘적 활동", 2순위 "자사 지배구조 투명성 확보", 3순위 "조직문화 변화"이다. 국내 방송사는 1순위 "언론사 본연의 저널리즘적 활동", 2순위는 "자사 지배구조 투명성 확보", 3순위는 "ESG 관련 정보 공시"로 나타났다. 국내 플랫폼 기업은 1순위 "소비자 보호", 2순위는 공동으로 3개 실천의제가 선정되었다. "자사 지배구조 투명성 확보", "환경문제", "ESG 관련 정보 공시"이다.

국내 신문사와 방송사가 우선 추구해야 할 바람직한 ESG 실천의제는 언론사 본연의 저널리즘 활동이다. 언론사가 가장 잘할 수 있으면서 동시에 언론사가 직면한 가장 큰 문제인 공정보도와 건전한 공론장 운영을 위해서는 과거와 다른 혁신이 필요하다. 언론은 정부와 자본으로부터 독립적이어야 한다. 그러나 신문사와 방송사는 매체 역사와 특성 때문에 공정보도 및 공론장 운영 면에서 많은 논쟁이 있다. 신문사의 경우, 신문 탄생의 역사를 통해 알 수 있듯이 정파적 속성을 갖고 있다. 신문의 보도나 논조가 특정 정당과 맥을 같이

성 성 비율, 보수 공개 등), ④자사 종업원 인권 및 복지 개선(예: 차별금지, 교육, 훈련, 복지 등), ⑤협력업체지원(예: 배급처, 인쇄소, 외주제작업체, 아웃소싱 등 관련 공정거래), ⑥자선활동(예: 현물, 현금, 재능 기부 등), ⑦독자나 시·청취자, 이용자에 대한 문제 해결(예: 이용자 불만 해소 등), ⑧지역사회 지원(예: 불우이웃돕기, 지역 이슈 해결 등), ⑨환경문제(예: 탄소제로, 기후변화, 쓰레기 폐기물 처리 등), ⑩교육활동 지원(예: 지역 거주 청소년 교육, 청년 취업교육, 성인 재교육 지원 등), ⑪조직구성원의 다양성(예: 성비율의 다양성, 성소수자 포용성, 장애인 포용성 등), ⑫조직문화 변화(예: 뉴스룸 민주주의, 상명하복 문화 및 엘리트주의 척결 등), ⑬시상활동(예: 사회구성원에 대한 표창과 격려), ⑭문화예술체육지원 활동(예: 작가, 예술가, 운동선수 등에 대한 지원), ⑮소비자 보호(예: 개인정보보호, 개인프라이버시 보호 등), ⑯ESG 관련 정보 공시(예: 지속가능경영보고서, ESG보고서 정기공시), ⑰기타, (우형진·성용준·김용희, 2022, 표 4-2, p.161)의 내용을 재인용함.

하거나 과도하게 특정 정당이나 정치권을 지지하고, 이념이 다른 정당에 대해서는 편파보도를 함으로써 언론 스스로 정당성과 신뢰성을 상실하는 경우가 있다. 방송은 신문보다 더욱 엄격하게 「방송법」에 의해 규제되고 있으나, 방송보도에 대한 정치권과 자본의 압력은 매우 큰 편이다. 방송사 지배구조에 정권 친화적인 이사회를 인위적으로 만들어 방송보도의 편파성을 조장하고, 여론 왜곡을 일삼으려는 방송사 경영진 때문에 공정보도를 요구하는 보도진과 갈등을 초래하는 경우도 많다. 정권의 비호를 받는 언론사 경영진과 보도진 간의 갈등은 농성과 파업으로 이어져 엄청난 사회적 비용이 들기도 한다. 그리고 이런 상황이 정권 교체기마다 반복되어 국민의 피로감이 높다. 언론사가 공정보도를 위해 편집권과 경영권을 분리하고, 다양한 윤리강령을 만든다고 할지라도 정치권력과 자본의 힘에 밀릴 수 있다. 결국 언론사 내부에서 언론 본연의 업무를 잘하기 위해 언론 종사자의 성, 인종, 가치, 관점, 종교, 출신 지역, 출신 학교 등의 다양성을 추구해야 한다. 물론 언론사의 모든 조직에서 다양성을 구현하기 어렵다. 그럼에도 불구하고 언론사 스스로 뉴스룸 민주주의를 지향하고, 특정 대학 출신 독식을 막고, 상명하복 문화를 바꾸는 획기적인 자기 변신이 전제되어야 한다. 신문사나 방송사가 본연의 언론 기능을 수행하기 위해 조직문화와 관행에 DEI(다양성, 형평성, 포용성) 체계를 갖추고, 다양한 관점에서 보도가 이루어질 수 있는 제도 개선이 선행되어야 한다. 영국 BBC의 경우, "50:50 프로젝트"를 통해 BBC의 모든 제작물에서 출연자의 50%는 무조건 여성으로 캐스팅했다. 2018년 시작된 이 프로젝트에 500개 팀이 참여했고, 참여 팀 중 74%가 여성 출연자 비율 50% 목표를 달성했다. 이 정책은 여성 기자, 여성 앵커, 여성 진행자 수를 늘리고, 심지어 인터뷰 대상자도 여성 전문가의 수를 늘리는 방식으로 여성의 참여율을 높였다. BBC의 50:50 프로젝트는 언론사 본연의 저널리즘을 지속시키기 위해 DEI를 적용한 지속가능성 경영 전략이다. BBC는 많은 비판과 조롱에도 불구하고 결국 그 일을 해냈다. 국내 언론사는 이런 방식의 DEI 적용이 가능할까? 우리 언론사가 가지고 있는 공고한 권위주의적 소통 방식과 문화, 정치권과 자본의 압력, 내부 종사자들의 도덕적 해이는 영국 BBC의 50:50 프로젝트와 같은 파격적인 지속가능성 방침을 수용하기 어려울 것이다. 그러므로 국내 모든 언론사는 자사의 설립목적에서 본질적 목적(deep purpose)이 무엇인지 성찰하고, 지속가능성 경영의 프레임 안에서 본연의 저널리즘을 새롭게 재정립할 수 있도록 각고의 노력을 다해야 한다.

국내 신문사와 방송사가 고려해야 할 두 번째 ESG 실천의제는 자사 지배구조 투명성 확보다. 국내 신문사의 지배구조는 족벌경영, 명문가 경영, 재벌 경영의 특성이 있다. 부모로부터 경영권을 상속받은 자녀 세대가 오랜 기간 신문사의 경영진을 이루고, 이들이 국내 재벌이나 정치권력과 혼맥을 통한 특수관계에 있다(남해시대, 2021.7.9). 언론은 기득권 세력에 대한 감시 기관인데, 정치권력이나 자본과 혼인관계를 맺고 있으니 기득권 세력에 대한 신문사의 비판이나 견제보다 그들의 의견을 더 반영하고, 그들의 이익에 더 복무할 수밖에 없는 구조다. 신문사 지배구조에 대한 투명한 공개가 필요하지만, 신문사 소유 및 경영권자의 은밀한 문제를 직접 논하기 쉽지 않다. 신문사가 투명한 경영을 하지 않는 한 소유자의 이익에 신문사가 포획될 수 밖에 없다. 그러므로 최소한 신문사 경영진이나 이사진 구성에 대한 투명하고 자세한 정보 공개가 필요하고, 그것은 신문사의 지속가능성 경영의 일환이 될 수 있다.

국내 방송사의 지배구조는 오랫동안 문제였다. 특히 공영방송 지배구조에 대한 정치권의 과잉 개입은 늘 혼란과 파국을 초래했다. 정권이 바뀔 때마다 정권 친화적 시민단체의 농성, 검찰, 국정원, 감사원 같은 권력기관의 개입, 공영방송 이사진에 대한 강압적이고 불법적인 교체, 공영방송 사장 해임이 권력 교체 시마다 연례행사로 진행되었다. 공영방송 지배구조 개편은 국회가 법률 개정을 통해 추진해야 한다. 그러나 공영방송의 지속가능성 경영 정책을 통해 법률 개정 이전이라도 공영방송 이사회 운영에 대한 투명한 공개와 다양한 이사 선임을 한다면 공영방송이 추구하는 최소한의 공정성, 객관성, 다양성, 공익성을 담보해낼 수 있을 것이다.

국내 플랫폼 기업이 우선해야 할 ESG 실천의제로 소비자 보호가 선정되었다. 소비자에 대한 개인정보보호, 데이터보호 및 안정적인 서비스 이용망 관리는 단순히 플랫폼 서비스 이용자 보호차원이 아니라 플랫폼 기업의 비즈니스 차원에서도 중요하다. 과거에는 개인정보노출이나 해킹 대응 부족이 회사의 근간을 무너뜨릴 정도로 큰 사고가 아니었다. 그러나 최근 일련의 사고를 보면, 네트워크 관리 부실, 이용자 개인정보노출, 네트워크망 화재사고 등이 기업 브랜드, 심지어 주가에까지 큰 영향을 미칠 정도가 되었다(대한경제, 2021.10.25). 플랫폼 기업의 소비자 보호는 단순히 소비자 불만 처리로 끝날 사안이 아니고, 기업의 리스크관리 차원에서 매우 면밀히 진행되기 때문에 플랫폼 기업의 지속가능성 경영의 주요한 항목이 되었다.

방송사와 플랫폼 기업의 ESG 실천의제 중 공통 결과는 미디어 기업의 지속가능성 경영 정보 공시에 관한 부분이다. 이미 국내 미디어 기업들이 다양한 수준에서 지속가능성경영보고서를 작성하고 있다. 그 수준은 기업의 특성, 규모, CEO의 의지 등에 따라 다르다. 중요한 것은 기업들이 이미 ESG 관련 지속가능성경영보고서를 작성하고 공시한다는 점이다. 언급했듯이 미디어 기업의 지속가능성 경영의 시작은 지속가능성경영보고서 작성에서부터 출발한다. 국내 미디어 기업은 지속가능성경영보고서 작성에 대한 부분을 경시하면 안된다. 특히 신문사와 방송사의 글로벌 표준에 따른 지속가능성경영보고서 작성에 대한 관심과 의지는 현재로선 거의 없는 편이다. 2025년과 2030년 사이 국내 기업에 대한 지속가능성 경영 정보 보고와 공시가 권고와 규범이 아닌 법적 의무사항이 될 가능성이 있기 때문에 대비가 필요하다.

종합하면, 국내 미디어 기업들은 지속가능성 경영을 위해 다른 곳에서 새로운 주제를 찾을 필요가 없다. 이들이 이미 수행하고 있거나 운영하는 다양한 ESG 관련 실천 내용들을 글로벌 표준에 맞게 정리, 측정, 평가하여 규정에 맞게 공시하면 된다. 지속가능성 경영은 멀리 있는 것이 아니라 이미 내가 수행하는 내용들을 재정리한다는 관점에서 자사의 특성을 살리고 설립목적에 따른 진정성 있는 관행으로 만들면 되는 것이다.

3. 바람직한 미디어 기업의 미래 경영전략

미디어 기업은 태생적으로 세 가지 기능을 할 수밖에 없다. 미디어 기업이 사회공동체를 위해 할 수 있는 능력은 '사회감시기능', '동원기능', '미래비전 제시 기능'이다. 미디어 기업은 조기경보기처럼 사회의 위험과 위기를 미리 파악하고 예방해야 한다. 미디어 기업은 사회구성원을 독려하는 메가폰이 되어야 한다. 미디어 기업은 사회구성원에게 올바른 길과 방향을 알려주는 나침반 역할을 해야 한다. 미디어 기업의 세 가지 기능이 원활하게 이루어지려면, 미디어 기업에 대한 사회구성원의 '신뢰'가 기본이다. 왜냐하면, 사회구성원은 신뢰하지 않은 미디어 기업의 경보와 독려 그리고 미래비전을 들으려 하지 않을 것이기 때문이다. 미디어 기업은 비즈니스를 해야 한다. 미디어 기업은 자선단체, 공공기관, NGO가 아니다. 기업의 본질적 존재 이유는 이윤을 창출하는 것이다. 언론사도 기업이다. 그러나 미디어 기업이 이윤을 획득하기 위해 반환경적 사안에 눈감고, 내부 종사자의 인권을 무시하고, 자사 경영진의 전횡과 부정부패를 숨기려 한다면, 비즈니스의 선순환 구조가 만들어지지 않을 것이다.

바람직한 미디어 기업의 미래 경영전략은 "지속가능성 경영"을 모색하는 것이다. 현재 미디어 기업들의 미래 경영전략은 AI, 챗GPT, 메타버스 등 주로 기술 중심적인 내용이 많다. 사실 지속가능성을 모색한 경영전략은 미래 경영전략에 있어 후 순위에 있다. 기업의 지속가능성 경영은 착한 기업이 되거나 선한 영향력을 행사하는 존경받는 기업이 되라는 의미가 아니다. 착한 기업과 존경받는 기업은 지속가능성 경영의 결과론적 용어다. 미디어 기업의 진정한 지속가능성 경영은 기부천사나 수호천사가 되라는 것이 아니라 마술사가 되라는 뜻이다. 어쩌면 미디어 기업의 지속가능성 경영은 말 그 자체로 모순이다. 기업은 이익 추구와 동일시되고, 지속가능성 경영은 이익과 동떨어진 개념이다. 이 두 가지를 함께 하라는 것은 마치 둥근 삼각형을 만들라는 것과 같다. 이 책 전체에서 말하고자 하는 미디어 기업의 지속가능성 경영은 사익과 공익을 동시에 추구해야 하는 미디어 기업이 재무 및 비재무 영역에 대한 점검을 통해 기업의 위험과 기회를 관리하라는 것이다.

앞으로 10년, 50년, 100년 후의 지구와 인간사회는 어떻게 변해 있을까? 해답은 과거 10년, 50년, 100년 전의 지구와 인간사회를 비교해 보면 알 수 있다. 현재와 같은 수준과 속도로 환경파괴, 사회문제, 불투명한 지배구조가 지속될 경우, 지구와 인간사회는 디스토피아(dystopia)적 상황에 놓여 있을 수 있다. 미디어 기업은 지속가능성 경영을 통해 홀로 지구와 인간사회가 직면할 파국을 막을 수 없다. 미디어 기업이 지속가능성 경영을 추구했을 때 세상을 좀 더 살기 좋은 곳으로 바꿀 수 있을지 혹은 없을지 어느 쪽도 확신하기 어렵다. 그러나 미디어 기업이 지속가능성 경영을 수행하고 시기별 목표를 달성한다면, 브레이크 없이 달리는 폭주 기관차 지구와 인간사회가 단기간에 파멸되지 않도록 시간을 벌게 할 충분한 역할은 할 수 있을 것이다.

남해시대 (2021.7.9). 한국사회 부조리의 뿌리에는 혼맥이 있다. Retrieved 9/10/2023 from http://www.nhtimes.co.kr/news/articleView.html?idxno=55403

대한경제 (2021.10.25). KT, 전국 인터넷 '먹통'에 주가 하락, Retrieved 9/10/2023 from https://www.dnews.co.kr/uhtml/view.jsp?idxno=202110251601158590620

삼일인포마인(2023.9.3). 회계감사기준 감사기준서 705 감사의견의 변형, Retrieved 9/11/2023 from https://www.samili.com/acc/JoList.asp?op=4&op2=1&code=413-705#middle

우형진·성용준·김용희(2022). 미디어 기업의 ESG 실천방안, 지정 2022-09, 한국언론진흥재단.

Gulati, R. (2022). Deep Purpose: The heart and soul of the high-performance companies. New York: Harper Business.

맺음말

이 책의 목적은 미디어 기업이 ESG 경영을 어떻게 추구해야 우리 세상을 더 살기 좋게 만들 수 있는지 살펴보는 것에 있지 않다. 단언하건대, 미디어 기업은 파국적 세상을 구할 수 없다. 미디어 기업은 그럴 능력도 없고, 그렇게 하지도 않을 것이다. 미디어 기업은 어떤 산업의 한 시장행위자일 뿐이다. 자본주의 시장에서 어떤 기업도 자신의 정체성을 버리고, 기후변화, 사회책임, 투명경영에 나서지 않을 것이다. 왜냐하면 이윤 창출이라는 본성을 가진 주체가 스스로 본성을 버릴 경우, 존재 이유가 사라지기 때문이다.

그렇다면 이 책이 주목하는 것은 무엇인가? 미디어 기업과 지속가능성 경영은 공통점 하나가 있다. 미디어 기업의 경우, 숙명적으로 두 마리 토끼를 잡아야 한다. 지속가능성 경영은 재무적 영역과 비재무적 영역을 관리해야 한다. 두 마리 토끼를 잡는 사냥꾼이나 상반된 두 영역을 관리해야 하는 관리자는 쉽게 "딜레마"에 빠진다. 각

각 다른 방향으로 뛰는 두 마리 토끼를 총알 한 방으로 잡아야 한다. 다른 두 영역에서 일어나는 수많은 일들을 하나의 체계로 관리해야 한다. 이 일에 관여된 사람들은 이것 잡으려다 저것 놓칠까 봐 고민하거나 아니면 그 자체가 불가능하다고 포기한다. 이 책의 진짜 목적은 미디어 기업경영에 관계하는 딜레마에 빠진 사람들에게 통찰력과 지침을 주기 위한 것이다.

미디어 기업은 사익 추구와 공익 추구 중, 어느 한쪽에 우선권을 주면 안된다. 미디어 기업의 본질적 목적(deep purpose)이 사익만을 추구하는 것이 아니라면, 공익 추구로 인해 발생하는 사적 이익 축소가 얼마나 될지 고민할 필요가 없다. 미디어 기업의 공익 추구행위는 바로 사익 추구행위와 같기 때문이다. 즉 자사의 본질적 목적 또는 기업의 설립목적과 맞닿아 있기 때문이다. 공익을 추구하면 자동으로 사익도 추구된다는 관념의 전환이 필요하다. 이런 점에서 미디어 기업 종사자는 지속가능성 경영에 대한 인식이 달라야 한다. 공익과 사익을 하나의 목표로 삼아야 한다. 궤변인가? 정말 공익을 추구하면 방송사가 망하고, 통신기업이 파산하는가? 동서고금을 막론하고 파산할 만큼 공익을 추구했던 미디어 기업이 있었다면 연락주길 바란다. 아마도 사적 이익을 추구하다 법정관리에 들어가거나 타 기업에 인수된 사례는 쉽게 찾아볼 수 있을 것이다.

지속가능성 경영은 늘 다음과 같은 내용으로 비판받는다. "기업의 지속가능성 경영은 기업의 효율성과 생산성을 떨어뜨린다." 정말일까? 기업이 그린워싱의 가면을 쓰고, 자사 종업원의 산업재해를 외면하며, 분식회계를 통해 투자자를 속인다면 상장시장에서 장기간 생존할 수 있을까? 신문사의 광고성 기사, 독립제작사에 대한 지상과 방송사의 불공정거래, 플랫폼 기업의 네트워크 관리 미숙으로 인한 영세상인 피해가 기업의 체계적 관리에 의해 통제되지 않는다면, 해당 기업의 사적 이익이 더욱 증대될까? 미디어 기업의 지속가능성 경영을 추진하는 주체는 중장기적 시각으로 기업의 이익 증대 여부를 살펴보아야 한다. 기업이 행하는 지속가능성 경영의 성과는 단기간에 산출되는 것이 아니다.

전국경제인연합회는 국내 주요 500대 기업의 2021년 사회공헌 지출 규모가 약 3조 원에 육박한다고 밝혔다.[1] 엄청난 지출이다. 그런데 우리 사회는 기업의 사회공헌 지출에 대해 크게 인식하지 않고, 감사하지 않는다. 오히려 의심한다. 기업에 대한 뿌리 깊은 혐오와 불신은 더 커진 상황이다. 이런 현상은 기업의 사회공헌에 대한 진정성 문제라고 볼 수 있다. 전경련의 분석 결과를 보면, 기업의 사회공헌 지출 비용 증가 이유 중 1위가 "코로나19 팬데믹으로 인한 사회적 지원 요구 증가"였다. 같은 기간 동안 사회공헌 지출액을 줄인 기업도 있었다. 이들의 사회공헌비용 지출 감소 원인 1위는 "사회적 거리두기로 인한 대면 사회공헌 프로그램 추진 어려움"이었다. 기업의 주장은 외부에서 지원을 요구하니까 주는 거고, 사회적 거리를 둬야 하는데 어떻게 만나서 사회공헌을 하냐는 것이다. 기업의 사회공헌 비용 지출 증가와 감소의 주요 이유에서 사회공헌에 대한 기업의 진정성, 자발성, 적극성은 발견하지 못했다.

1 워크투데이 (2023.1.25). 주요 기업 2021년 사회공헌 지출규모 3조 육박...기업당 평균 133억 5,682만 원, Retrieved 9/10/2023 from http://www.worktoday.co.kr/news/articleView.html?idxno=31996

기업은 지속가능성 경영 혹은 ESG 경영, 또는 사회책임경영을 외부 이해관계자에 대한 지원이나 혜택 제공으로 보는 경향이 있다. 지속가능성 경영의 극히 일부에 해당하는 "지역사회 참여 및 발전" 영역만을 ESG 경영이나 지속가능성 경영으로 보는 협소한 관점 때문이다. 이런 이유로 기업이 경제적 어려움을 겪게 되면 관련 지원을 축소하거나 쉽게 폐지한다. 지속가능성 경영의 진정성은 지속성에서 나오는데 이 부분을 간과하기 때문에 엄청난 비용을 지불하지만 사회적 비판은 오히려 더 많이 받는 아이러니한 상황에 빠진다. 해외 미디어 기업들은 지속가능성 경영 추진 시, 외부 이해관계자에 대한 배려도 중요하게 보지만, 내부 이해관계자(주주, 종업원, 협력업체 직원 등)를 많이 고려하는 편이다.[2] 어떤 점에서는 내부 이해관계자에 대한 지속가능성 경영 정책이 훨씬 더 강하게 추진되고 있다. 보여주기식 ESG가 아니라 실속있는 ESG를 구현하는 것이다. 국내 미디어 기업 관계자들은 이 점에 주목해야 한다. 진정성 있는 지속가능성 경영을 추진하려면, 지속성과 내부 구성원들의 동의와 수긍이 전제되어야 한다. 해외 미디어 기업들은 이미 이것을 간파했다.

2023년 7월 3일 이 책을 저술하는 동안 머리를 식히려 북한산에 홀로 등산을 갔다. 4시간의 종주 끝에 길을 잘못 들어 100여 미터 절벽 아래까지 내려갔다. 그 다음부터는 천 길 낭떠러지였다. 길을 잘못 들었다는 것을 깨닫고 뒤를 돌아보니 다시 절벽을 기어 올라가야만 했다. 거의 탈진 상태가 되었다. 숨이 쉬어지질 않아 구조대를 불러야 할 정

2 우형진 (2021). 한국과 미국 미디어 기업 CSR활동 비교 사례 연구, 〈한국콘텐츠학회논문지〉, Vol. 21 No. 5, 36-46.

도였다. 결국 구조대를 부르지는 않고, 어찌어찌 어렵게 하산했다. 얼굴에 두드러기가 잔뜩 올라와 있어 근처에 있는 등산객에게 물어보니 열사병이 너무 심해서 얼굴에 열꽃이 피었다는 것이다. 주차된 차 안의 온도계를 보니 38도였다. 아마도 북한산 "숨은 벽 능선"의 암장은 한낮의 햇볕으로 온도가 더 높았을 것이다. 다음날 인터넷을 보니 2023년 7월 3일의 기온은 장비를 이용해 온도 기록을 시작한 19세기 말 이래, 전 세계적으로 가장 높은 지구 온도라는 보도가 나왔다.[3] 이날 전 세계 평균 온도가 17도를 넘어서며 역대 최고 수준을 기록했다. 우리나라 7월 3일은 한여름이 아니다. 올여름 죽을 뻔한 경험을 여기에 적은 이유는 어느 날 나도 모르게 막다른 길에서 고민하는 나를 발견할 수 있겠다는 상상을 해보았다. 기후변화, 양극화, 사회갈등, 도덕적 해이로 인한 사회불안정과 공동체 붕괴가 어느 날 갑자기 우리 앞에 나타나고, 손도 쓸 수 없이 돌이킬 수 없는 상황이 될 수 있다는 점이다.

마지막으로 다시 한번 강조하고 싶은 것은 지속가능성은 "아주 오랫동안"이나 "아무 문제 없이"를 의미하는 것이 아니다. 지속가능성은 "균형 잡힌", "회복력을 유지하며", 그리고 "누구도 예외 없이"라는 의미가 담겨 있다. 이런 점에서 미디어 기업은 지속가능경영이 아닌 지속가능성 경영을 추구해야 한다. 주주, 종업원, 협력업체, 소비자, 지역사회, 정부 모두가 미디어 기업의 지속가능성 경영 혜택을 받아야 할 이해관계자들이기 때문이다.

3 동아사이언스 (2023.7.5). 7월 3일은 '기록의날'...지구 평균 기온 17도 처음 넘었다, Retrieved 9/10/2023 from https://www.dongascience.com/news.php?idx=60559

우형진 한양대학교 ERICA 캠퍼스 언론정보대학 정보사회미디어학과 교수다. 미국 조지아대학교(Univ. of Georgia)에서 매스커뮤니케이션 박사학위를 받았다. 상지대학교 언론광고학부에서 조교수를 역임하고 미국 시카고 Loyola University 방문교수(2013)를 했다. 경기도선거관리위원회 선거방송토론위원회 위원, 수원지검 안산지청 형사사건공개심의위원회 위원, 문화체육관광부 규제혁신위원, 한국언론학회, 한국언론정보학회, 사이버커뮤니케이션학회, 정치커뮤니케이션학회에서 연구이사, 총무이사, 기획이사를 역임했다. 방송통신연구, 사이버커뮤니케이션학보, 방송과 커뮤니케이션 학술지 편집위원으로 활동했다. 주요 저서로 『미디어 기업의 ESG』(2022), 『장애와 미디어』(2020), 『계획행동이론의 이해』(2015), 『인터넷보안군』(2005) 등이 있다. 「국내 엔터테인먼트 기업의 CSR 활동, 리스크 관리, 프로듀싱 능력에 대한 소비자 평가가 통합 브랜드 자산 인식에 미치는 영향에 관한 연구 : SM, JYP, YG, 하이브를 중심으로」(2021), 「게임 기업 CSR 활동, 게임 프로그램 품질, 브랜드 자산에 대한 이용자 평가가 게임 지속 이용의도에 미치는 영향에 관한 연구: 넥슨을 중심으로」(2021), 「국내 언론기업의 CSR인식과 실행에 관한 연구」(2018) 등 50편 이상의 논문을 KCI 등재 학술지, SSCI급 저널에 게재했다.

미디어 기업의 지속가능성 경영

펴낸날 2023년 11월 30일 초판 1쇄
지은이 우형진 · **펴낸이** 이기정
펴낸곳 한양대학교출판부 · **출판등록** 제4-7호(1972.2.29)
주소 서울 성동구 왕십리로 222 · **전화** 02.2220.1432-4 · **팩스** 02.2220.1435
홈페이지 press.hanyang.ac.kr · **이메일** presshy@hanyang.ac.kr
본문디자인·편집 김민지 · **표지** 안광일 · **인쇄** 미르P&P

정가는 뒤표지에 있습니다. 잘못된 책은 구입하신 곳에서 교환해드립니다.

이 출판물은 한양대학교 교내연구지원 사업으로 연구됨(HY-2021-G).

ISBN 978.89.7218.790.5 (93070)